动车组
技术发展研究

DONGCHEZU JISHU FAZHAN YANJIU

吴伟生 曹楚君 著

中国纺织出版社有限公司
国家一级出版社
全国百佳图书出版单位

内 容 提 要

动车组是实现高速铁路交通运输的关键，其技术发展在铁路交通发展的过程中有着重要的意义。梳理动车组技术发展的过程，有助于读者更好地了解动车组的历史和未来的发展方向。本书从动车组基本知识、中国动车组的型谱和配属、高速动车组关键技术、高速动车组十项配套技术以及高速动车组新技术五个方面，分五章对动车组技术发展进行了梳理和介绍，以供相关领域的研究者和学生参考，也可供铁路爱好者们阅读学习。书中结合文字，提供了大量的图片，以帮助读者在阅读的过程中进行直观的观察和理解。

图书在版编目（CIP）数据

动车组技术发展研究 / 吴伟生，曹楚君著. --北京：中国纺织出版社有限公司，2023.4
ISBN 978-7-5229-0382-8

Ⅰ. ①动… Ⅱ. ①吴… ②曹… Ⅲ. ①高速动车—技术发展—研究 Ⅳ. ①U266

中国国家版本馆CIP数据核字（2023）第040278号

责任编辑：柳华君　责任校对：高　涵　责任印制：储志伟

中国纺织出版社有限公司出版发行
地址：北京市朝阳区百子湾东里A407号楼　邮政编码：100124
销售电话：010—67004422　传真：010—87155801
http://www.c-textilep.com
中国纺织出版社天猫旗舰店
官方微博 http://weibo.com/2119887771
天津千鹤文化传播有限公司印刷　各地新华书店经销
2023年4月第1版第1次印刷
开本：710×1000　1/16　印张：16.25
字数：237千字　定价：98.00元

凡购本书，如有缺页、倒页、脱页，由本社图书营销中心调换

前言
PREFACE

从1909年9月24日中国设计的第一条铁路——京张铁路通车，到1952年7月1日，新中国第一条铁路——成渝铁路正式通车；到2008年8月1日，我国第一条时速350km的高速铁路——京津城际铁路建成通车；到2019年12月30日京张高速铁路开通运营；到2022年9月1日，中国高速铁路列车首次出口国外，一百多年以来，无数的无产阶级革命先驱、铁路科学研究者和铁路工程技术人员带着"忠诚担当、兴路强国"的家国情怀，励精图治，风雨无阻，编织了"八纵八横"这张巨大的铁路网，铸就了"坚守执着，敬业奉献，精益求精"的铁路工匠精神。

20世纪90年代以来，在高速铁路工务工程、通信信号、动车组、牵引供电、运营管理等方面，中国进行了一系列科学研究与技术攻关，经过长期坚持不懈的努力，在高速铁路技术创新方面取得了辉煌的成就与丰硕的成果。截至2022年底，全国铁路营业里程达15.5万km，其中高铁4.2万km。动车组保有量达到3.3万辆。我国高速铁路及动车组综合技术已达世界先进水平，而且部分技术领域已经达到世界领先水平，已进入智能化的引领发展阶段。

动车组技术作为高速铁路技术发展水平的衡量标准之一，是一个复杂的系统工程。通过归纳、总结和分析研究等方法，从动车组基本知识、中国动车组型谱与配属、高速动车组关键技术、高速动车组十项配套技术和高速动车组新技术五个方面，阐述了我国动车组技术的现状及发展趋势。

第一章介绍了动车组基本知识，阐述了什么是动车组、动车组分类、动车组的组成、动车组车辆的命名与编组、动车组编号规则、动车组的参数以及动车组的标志。

第二章阐述了我国动车组的型谱和动车组配属，并分别对我国早期动车组、和谐号系列动车组和复兴号系列动车组车型进行了全面的归纳与总结。

第三章阐述了动车组总成、牵引传动控制系统、动车组转向架、动车组制动技术、动车组车体技术和列车网络控制系统等关键技术。

  第四章阐述了空调系统、集便装置、车门、车窗、风挡、钩缓装置、受流装置、辅助供电系统、车内装饰材料和座椅等动车组配套技术。

  第五章阐述了绿色节能技术、数字化智能技术和自动变轨距技术。

  本书由湖南高速铁路职业技术学院吴伟生、曹楚君担任著者，其中第一、第二章由吴伟生负责，第三至第五章由曹楚君负责。全书由吴伟生负责统稿工作。

  本书在创作过程中，得到了西南交通大学、北京交通大学、中国铁路广州局集团广州动车段和长沙车辆段等单位和相关人员的大力支持，在此表示感谢。

  希望本书能对动车组技术研究者、大中专学生和广大动车组爱好者研究、认识动车组及其设备有所帮助。限于作者水平，书中难免存在疏漏和不妥之处，望给予指正。

著者
2023年2月

目 录
CONTENTS

第一章 动车组基本知识 ·· 001
一、什么是动车组 ·· 002
二、动车组分类 ·· 005
1. 按动力配置方式分类 ·· 005
2. 按动力类型方式分类 ·· 008
3. 按运行区间分类 ·· 010
4. 按走行原理分类 ·· 012
5. 按转向架布置与车底的连接方式分类 ·························· 013
三、动车组的组成 ·· 014
1. 车体 ·· 015
2. 车端连接装置 ·· 017
3. 车内设施 ·· 017
4. 转向架 ·· 018
5. 司机室 ·· 020
6. 供风及制动系统 ·· 020
7. 车内环境控制系统 ·· 023
8. 高压及牵引系统 ·· 025
9. 辅助供电系统 ·· 026
10. 网络控制系统 ··· 027
11. 行车安全设备 ··· 029
12. 给水及卫生系统 ··· 029
四、动车组车辆的命名与编组 ···································· 031
1. 车辆的命名 ·· 031

2.动车组编组 ……………………………………………… 032
　五、动车组编号规则 ………………………………………… 032
　　1.技术序列代码命名规则 ………………………………… 033
　　2.速度目标值命名规则 …………………………………… 037
　　3.动车组编号 ……………………………………………… 042
　　4.车辆的车种和车号 ……………………………………… 044
　六、动车组的参数 …………………………………………… 046
　　1.性能参数 ………………………………………………… 046
　　2.尺寸参数 ………………………………………………… 050
　七、动车组的标志 …………………………………………… 054

第二章　中国动车组的型谱和配属 ……………………………… 059
　一、我国动车组型谱 ………………………………………… 060
　　1.早期动车组 ……………………………………………… 062
　　2.和谐号系列动车组 ……………………………………… 081
　　3.复兴号系列动车组 ……………………………………… 132
　二、我国动车组配属 ………………………………………… 165

第三章　高速动车组关键技术 …………………………………… 175
　一、动车组总成 ……………………………………………… 177
　　1.轮轨关系接口 …………………………………………… 177
　　2.弓网关系接口 …………………………………………… 178
　　3.流固耦合关系接口 ……………………………………… 178
　　4.机电耦合关系接口 ……………………………………… 179
　　5.环境耦合关系接口 ……………………………………… 179
　二、牵引传动控制系统 ……………………………………… 179
　　1.牵引变压器 ……………………………………………… 182
　　2.牵引变流器 ……………………………………………… 184
　　3.牵引电动机 ……………………………………………… 186

三、动车组转向架·····189
　　1.安装位置和外观·····189
　　2.主要功能·····191
四、动车组制动技术·····200
　　1.制动系统组成·····200
　　2.制动方式·····201
　　3.制动系统功能·····207
五、动车组车体技术·····212
　　1.动车组流线型车头·····212
　　2.动车组车体结构·····215
六、列车网络控制系统·····220
　　1.列车网络系统主要功能·····221
　　2.列车网络控制系统关键技术·····224

第四章　高速动车组十项配套技术·····227
　一、空调系统·····229
　二、集便装置·····231
　三、车门·····232
　四、车窗·····235
　五、风挡·····235
　六、钩缓装置·····236
　七、受流装置·····238
　八、辅助供电系统·····238
　九、车内装饰材料·····239
　十、座椅·····239

第五章　高速动车组新技术·····243
　一、绿色节能技术·····244
　二、数字化智能技术·····246
　　1.智能建造·····247

2.智能装备 …………………………………………………………247
3.智能运维 …………………………………………………………248
4.智慧高铁 …………………………………………………………248
三、自动变轨距技术 …………………………………………………250

第一章

动车组基本知识

一、什么是动车组

在生活中，人们经常见到高速运行的列车，如图1-1所示，它们有的具备着流线型车头和修长的身材，有的车头造型方正、朴实；有的列车有8节、16节，甚至17节车厢；而有的列车只有2节、4节、6节车厢。他们是否都是动车呢？什么是动车组呢？根据中国铁路总公司的《铁路技术管理规程》（高速铁路部分）第208条内容规定：动车组列车为自走行固定编组列车。动车组（英文名：MultipleUnits）由一系列带动力的车辆（简称动车，用M表示）和不带动力的车辆（简称拖车，用T表示）组成，列车在正常使用期限内以固定编组模式运行。最简单的动车组是一节自带动力行驶的车厢，如广州地铁APM线使用的CX100型列车（可单独运行，目前是2节编组运营）。动力分散型动车组由多节带动力车厢和不带动力车厢组成，如我国和谐号系列、复兴号系列（CR200J除外）、德国ICE和日本新干线等动车组。动力集中型动车组由位于列车端部的一节或两节动力车厢及中间多节非动力车厢组成，如中华之星、蓝箭、复兴号CR200J等动车组。根据《铁路技术管理规程》，地铁、轻轨、有轨电车、高速列车属于动车组的范畴。但是，运行于城市中的公共交通，如地铁、轻轨、有轨电车等列车，因运营主体不属于铁路系统，最高运营速度不超过120km/h，且平均运行速度不超过40km/h，通常不归纳在动车组之列。

(a) 动车组修长的身躯　　　　　　　　(b) 8节编组动车组

（c）动车组流线型车头　　　　　　　　（d）色彩鲜艳的地铁列车

（e）地铁列车方正车头　　　　　　　　（f）复兴号 CR200J 动车组

（g）4 节编组地铁列车　　　　　　　　（h）中华之星动车组

图1-1　丰富的列车形态

　　从以上图片中，我们能看到动车组有着修长的身躯和流线型的车头，而地铁列车的车头通常方正，为什么会有这样的差异呢？

　　微风徐徐的日子，我们行走时几乎不会意识到风的阻力存在。然而，当我们驾驶摩托车高速行驶时，会感觉到风的阻力瞬间增大了，有种风刮脸庞的感觉。根据物理知识，我们知道物体运动时受到的空气阻力与速度的平方成正比，因此，中、低速列车运行速度低，空气阻力相对影响较小，设计师们通常不需要考虑风阻对列车运行的影响。可是，对于时速200km以上的动车组来说，情形可就不一样了，如图1-2所示，设计者们总要想方设法利用空气动力学原理，通过对车头流线型结构进行建模和优化设计来尽量减小动车组运行时的空气阻力。同时，动车组车头的流线型结构还有降低运行时的噪声、减小动车组交会压力波、抑制隧道微气压波等作用，因此，流线型车头是高速动车组所必需的基本特征。

图1-2　行驶中的动车组流线型车头

那么，什么样的列车才算是高速动车组？世界各国有不同的认定标准。高速动车组与高速铁路的线路是紧密相关的，不同等级的线路往往有不同速度等级的动车组与之相匹配。1987年，国际铁路联盟（简称UIC）对高速铁路进行了定义：高速铁路是指新建铁路营运速度250km/h以上，改建铁路营运速度200km/h以上的铁路系统。与之相适应，将在高速铁路上商业运营速度最小达到200km/h的列车定义为高速动车组。我国对高速铁路和高速动车组的定义遵从国际铁路联盟标准。欧盟和联合国欧洲经济委员会、日本、美国等对"高速铁道机车车辆"也给出了各自的定义。

通常，我们乘坐的动车组运营速度均在250km/h以上，称为高速动车组，由于它们通常运行在客运专线上，又称为干线动车组。我国大部分和谐号CRH系列、复兴号CR系列，德国ICE，法国TGV系列等动车组属于高速动车组。近年来，为了满足城际间的快速运输需求而产生的一种运营速度在140~200km/h动车组，称为城际动车组，如和谐号CRH6系列、CJ6、CJ5E等动车组。

高速动车组普遍具有单次运量大、速度快、安全、舒适、快捷、环境适应性强的特点,因而成为解决我国交通运输面临的"一票难求""城市交通拥堵"等突出矛盾的最优选择,也成为当下最时尚、最绿色环保的大众出行首选工具。

以复兴号动车组为例,列车最高运营时速350km,从北京到上海只需4.5小时即可到达,十分快捷;单次运输量大,一列8辆编组的动车组可承载1280名乘客;全天候运行,除台风、地震等特殊天气降速运行外,基本不受大雾天、雨雪天、雷电天气影响;列车运行平稳,有旅客做过实验,发现将硬币和鸡蛋放在窗台或茶桌上可以保持直立不倒,足见高速飞驰的列车究竟有多稳;舒适性好,车厢环境温湿度适宜,噪声也小;客运专线运行,准点率高。另外,高速列车还具有节约土地、能耗低、环境污染小以及经济社会效益高等优点。

二、动车组分类

动车组自出现之后,受世界各国铁路系统发展的影响,发展成为各具特色的结构。一般来说,动车组可以按图1-3所示方法来进行分类。

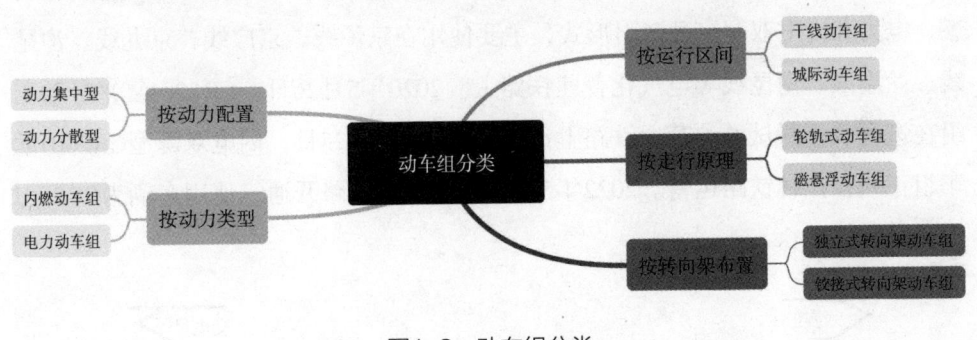

图1-3 动车组分类

1.按动力配置方式分类

按动力配置方式不同,可将动车组分为动力集中型和动力分散型动车组。

（1）动力集中型动车组

俗话讲，"火车跑得快，全靠车头带"，这说的就是动力集中型动车组。动力集中型是传统列车的主要牵引组成方式，如图1-4、图1-5所示它将牵引动力装置集中安装在列车的一端或两端的动力车上。动力车转向架的轮对上配置有牵引电机，可以驱动列车运动，这个动力车也就是我们常说的火车头。除两端的动力车外，其他车辆的轮对无牵引电机。动力车一般不载客，非动力车辆只能载客而不具备牵引能力。

动力集中型动车组受流装置、牵引变流器、牵引电机等动力装置全部集中在动力车，其他车辆均为无动力装置的普通车辆，车辆维护量少，车辆数量调整方便；但由于动力过于集中，受到线路黏着等条件限制，列车的运行能力也受到限制。作为头车的动力车由于要安装许多大型设备，轮重相对较大，这对线路带来的磨耗、冲击等都相对较大，会使线路的维护成本提高，但相对于动力分散型高速列车，其造价成本要低一些。

在早期，我国的动力集中型动车组有罕露号、北亚号、神州号、新曙光号、和谐长城号、北海号、九江号、庐山号、金轮号、晋龙号、NC3型、中华之星、蓝箭号、大白鲨号，这些目前均已退役。

目前，正在服役的动力集中型动车组是复兴号CR200J动车组，它具有内燃、电力和内电双源多种牵引形式，主要使用在京沪线、京广线、京九线、沪昆线、兰渝线、南昆线等电气化普速铁路上。2020年5月26日，CR200J复兴号动车组在进行联调联试的沪苏通铁路上试跑。2021年6月25日，内电双源型CR200J动车组正式在拉林铁路运营。2022年5月10日，中老铁路开通，使用车辆为CR200J动车组。

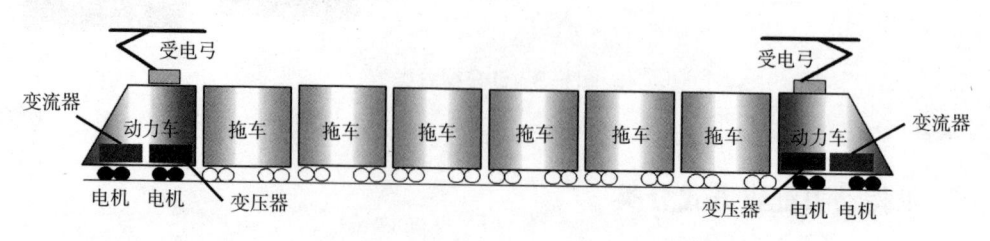

图1-4 动力集中型动车组编组形式（电力动车组）

图1-5　动力集中型动车组编组形式（内燃动车组）

（2）动力分散型动车组

动力分散动车组动力则不局限于两端车，中间其他车也可配置有动力。动车车下安装有牵引变压器、牵引变流器、牵引电机等装置，由牵引电机驱动轮对带动列车行驶，动力分散型动车组的动力轮对分散分布到所有车辆或者部分车辆上，这种动力配置方式就称为动力分散方式，如图1-6所示。

我们以复兴号CR400AF动车组为例，该列车为动力分散型动车组，其编组形式为8辆固定编组（简称：标准编组），编组中有4辆动车和4辆拖车。一个标准编组的动车组共有16台牵引电机，均匀分散安置在4辆动车的转向架上。列车运行时，每台电机负责驱动一条轮对，所有牵引电机同步发力让列车高速奔跑起来。

在早期我国自主研发的动车组中，中原之星、天安号、长白山号、KDZ1型、KDZ1A型春城号、先锋号等均为动力分散型动车组，现均已退役。

目前，我国现役动车组，除CR200J动车组外，和谐号系列和复兴号系列动车组均为动力分散型电力动车组。动力分散型动车组是目前动车组的主流配置形式。

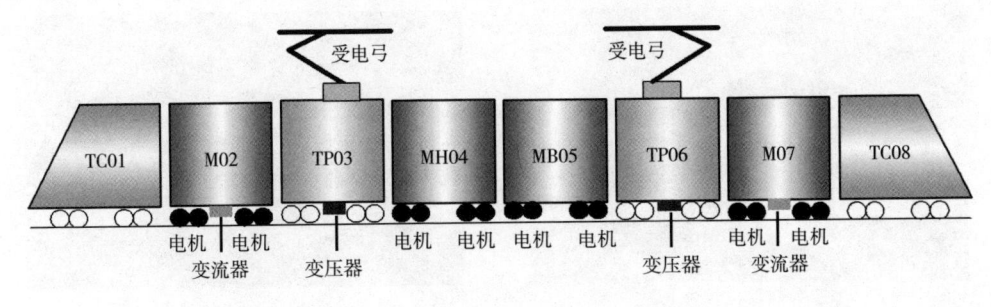

图1-6　动力分散型动车组编组形式（电力动车组）

2.按动力类型方式分类

按动力类型方式,可将动车组分为内燃动车组和电力动车组。

(1)内燃动车组

内燃动车组是一种以柴油发动机为动力源的铁道车辆。一列内燃动车组,可以在其部分或全部车厢底部安装柴油发动机,柴油发动机通过传动装置,驱动转向架上的轮对转动,从而牵引动车组运行。内燃动车组的传动方式主要包括电力传动、液力传动和机械传动,其中机械传动不常见。例如,电力传动动车组的柴油发动机,并非直接驱动动车组运行,而是先驱动发电机,由发电机受流给牵引电动机,再驱动动车组运行。

内燃动车组适应性强,可以适用于标准电气化铁路、多种电流制式铁路或未完全电化铁路,在低运量的情况下,不需要大幅投资建造电化设施,铁路线的投资成本大幅降低。另外,内燃动车组的车辆造价和运作成本,亦较电力动车组低。内燃动车组也不会因为输电系统的问题而造成铁路运输系统瘫痪,因此在冬季严寒、多雪地区获较广泛使用,如运行在俄罗斯的RA3型内燃动车组;日本的E200、E300内燃动车组。在我国台湾地区,使用的柴联车"自强号"也是内燃动车组。

在早期,我国的内燃动车组有罕露号、北亚号、神州号、新曙光号、和谐长城号、北海号、九江号、庐山号、金轮号、晋龙号、NC3型、中华之星、蓝箭号、大白鲨号等,目前均已退役,部分内燃动车组图片见图1-7。

(a)新曙光内燃动车组　　(b)神州号内燃动车组

图1-7　内燃动车组

（2）电力动车组

电力动车组是指通过接触网或供电轨供电，驱动牵引电机的动车组，又可细分为直流电动车组和交流电动车组两类。电力动车组是电力机车的特殊类型，运行在电气化铁路中。直流电动车组主要出现在早期的铁路和日本E235系电力动车组中。我国现役和谐号和复兴号动车组全部为交流传动动车组。

如图1-8所示，动车组通过受电弓和主断路器将接触网的单相交流电引入牵引变压器，经牵引变压器降压后送入牵引变流器中整流，将单相交流电整流为直流电，再送入电动机侧的牵引逆变器，将直流电逆变成电压和频率可调（变压变频：VVVF）的三相交流电供给异步牵引电动机，实现对动车组的牵引控制。

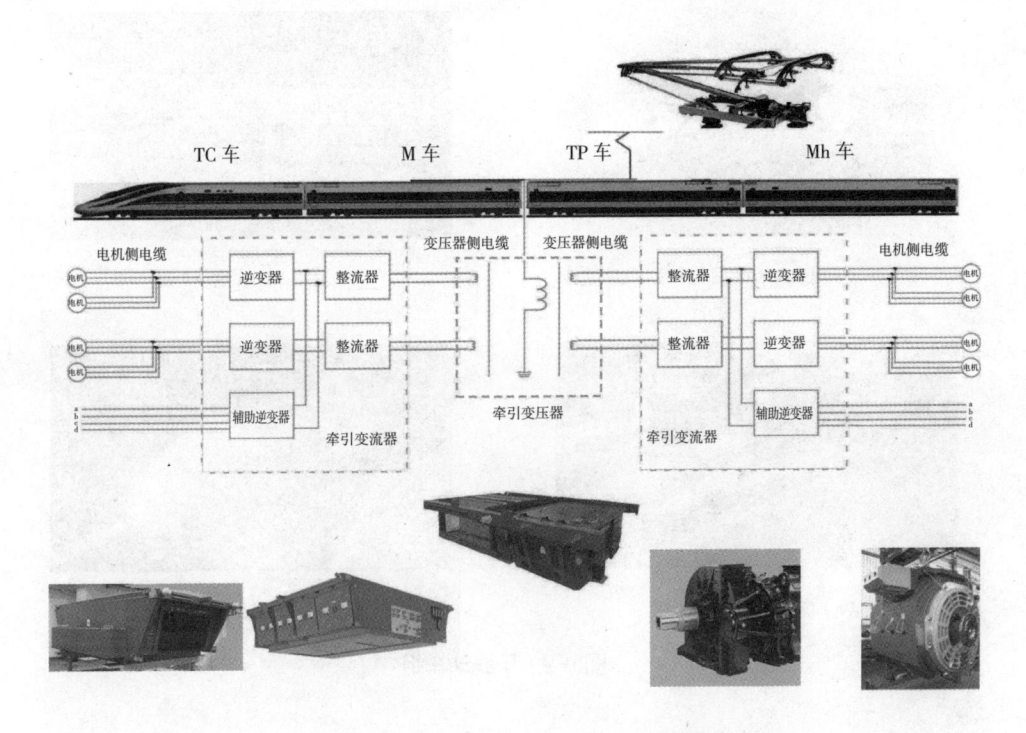

图1-8 交流传动电力动车组工作原理

3.按运行区间分类

(1) 干线动车组

铁路干线区别于支线、专用线铁路，我国八纵八横铁路网中，铁路干线起骨干、联络或辅助作用。运行在铁路干线上的动车组称为干线动车组，其一般运营时速在200km及以上。我国干线动车组主要有和谐号CRH1系列、CRH2系列、CRH3系列、CRH5系列、CRH380系列，复兴号CR300系列、CR400系列，部分干线动车组列车见图1-9。

(a) CRH380B 型动车组

(b) CRH5A 型动车组

(c) CRH380A 型动车组

(d) CRH2A 型动车组

图1-9 干线动车组

(2) 城际动车组

城际动车组是为了满足城际间的快速运输需求而产生的一类动车组。在国外有许多该类动车组，例如，法国阿尔斯通公司研制的Coradia系列动车组、德国西门子公司的ICE-4动车组。

2012年起，原南车青岛四方机车车辆股份有限公司（现为中车青岛四方机车车辆股份有限公司,简称四方股份)以高速动车组技术为基础,分别成功研制了我国首列时速160kmCRH6F型和时速200kmCRH6A型城际动车组,之后又研制了CRH6F-A和CRH6A-A短编组城际动车组。

2016年,中车株洲电力机车有限公司(简称株洲电力机车)设计生产了CJ6城际动车组,最高速度160km/h。该动车组主要为满足长株潭城际铁路的需求而设计,由湖南城际铁路有限公司与中车株洲电力机车有限公司联合立项研制。至2022年9月,CJ6型动车组已经有15个编组投入运营。

2016年5月,中车长春轨道客车股份有限公司(长客股份)研制了3辆编组的CJ5型城际动车组,该型动车组可选配接触网与蓄电池组合供电,或者接触网、内燃机与蓄电池组合供电。在接触网供电下最高运行速度为160km/h,在内燃机或蓄电池供电模式下最高速度为120km/h。2018年12月,4辆编组的CJ5型城际动车组下线;2019年10月,CJ5E型动车组获得国家铁路局设计与制造许可证。2020年7月,全新头型的CJ5E-A动车组下线。

随着动车组速度的不断提升,CRH1A干线动车组也被应用到城际运输中。部分城际动车组见图1-10。

(a) CRH6F-A 城际动车组

(b) CJ5A 城际动车组

(c) CJ6 城际动车组

(d) CRH6A 城际动车组

图1-10 城际动车组

4.按走行原理分类

动车组按走行原理可以分为轮轨式动车组和磁悬浮列车。我们常见的动车组的走行部均含有轮对，由动车组上的牵引装置驱动轮对转动，均属于轮轨式动车组。20年前，一种利用电磁力来驱动列车前进的磁悬浮技术被应用在上海轨道交通2号线的龙阳路站至上海浦东国际机场之间的线路上，与之配套使用的列车被称为磁悬浮列车。该种列车所使用的电磁感应形式主要包含常导型和超导型，分别运用"异极相吸"和"同极相斥"的原理，利用电磁系统产生的电磁力，使整个列车悬浮在导轨上方，同时电磁力也用来进行导向和牵引。列车运行过程中，车、轨不接触，所以没有轮轨摩擦阻力，适用于超高速运行，速度可达600km/h上（见图1-11、图1-12）。

磁悬浮列车具超高速、能源消耗小、安全性高、环保无污染、运行平稳等优点，但是，磁悬浮轨道交通系统与世界既有的轮轨式轨道交通系统不兼容，投资建设费用较高，对线路的技术要求也非常高，因此目前世界各国主要大力发展轮轨式轨道交通系统。但随着社会经济技术的发展，人们对出行速度的要求越来越高，需要一种新型的交通方式来填补高铁和飞机之间的空白，发展高速磁浮交通或将是完善我国未来大交通系统的可选方案。

图1-11　上海中速磁悬浮列车

图1-12　时速600km高速磁悬浮试验车

5.按转向架布置与车底的连接方式分类

按转向架布置与车底的连接方式，动车组可分为独立式转向架和铰接式转向架动车组。独立式转向架动车组的每一节车厢都有属于本车体的2台转向架，我国现有动车组均属于这种形式的动车组。

铰接式转向架动车组有什么特点？与独立式转向架动车组在结构上有什么不同呢？铰接式转向架动车组两端车使用了传统的独立式转向架；中间车的一端也是使用了传统独立式转向架，这一端作为车体的支撑端，而在中间车辆之间采用具有铰接结构的转向架，相邻两车共用了一台转向架。相邻车体铰接端端墙两侧设空气弹簧承台，中央设有下球面心盘座，车体的载荷经弹簧承台传至空气弹簧，再到铰接式转向架构架。车体的铰接端端墙中央设有上球面心盘，搭接于相邻车体支撑端的下球面心盘上，车体的一半重量经心盘传至支承端，另外两车之间的纵向力也通过该球面心盘传递，如图1-13所示。这种构造载重量大，抗蛇行、抗偏载能力强，相同条件下，铰接式转向架动车组试验速度要高于独立式转向架动车组；但是这种动车组对线路的坡道及曲线半径要求高。

在国外，法国的TGV（图1-14）和AGV系列高速动车组较早采用了这种铰接式转向架，其中，TGV3系统动车组曾经跑出573.8km/h的试验速度。在国内，2018年3月13日上午，由中车长春轨道客车股份有限公司生产的铰接式市域动车组在马来西亚吉隆坡国际机场线上线运营。这批铰接式市域动车组共有6列，每列车4辆编组，最高运营速度为每小时160km，达到了准高速级别。这填补了国内铰接式动车组研发中的多项空白。

图1-13　铰接式转向架

图1-14　法国TGV铰接式动车组

三、动车组的组成

如前所述，动车组由一系列带动力的车辆（动车）和不带动力的车辆（拖车）按照一定的排列方式，形成的固定编组列车。列车中的每一辆车又由多个系统和部件组成。据统计，一列8辆编组的动车组有四万多个零部件，涉及冶金、机电、电子、材料、化工、能源、环保等多学科与多行业；全国有六百余家一级配套企业、一千五百余家二级供应商为动车组这一个复杂的系统服务。动车组的基本组成如图1-15所示。

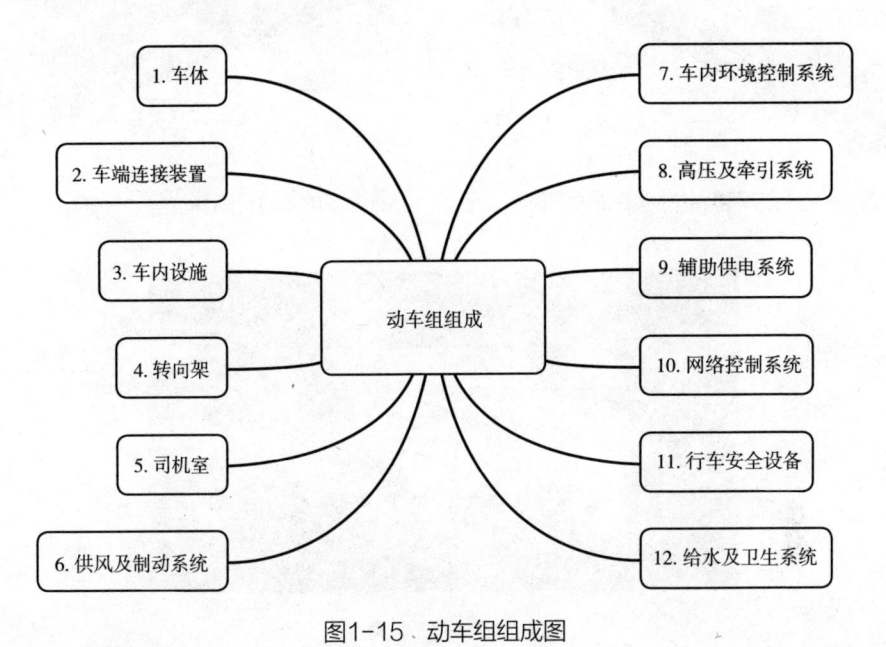

图1-15 动车组组成图

动车组主要由车体、车端连接装置、车内设施、转向架、司机室、供风及制动系统、车内环境控制系统、高压及牵引系统、辅助供电系统、网络控制系统等10多个部分组成。

1.车体

车体是容纳乘客空间和动车组设备安装的基础，分为带司机室的头车车体和中间车体两种，其车体骨架分别见图1-16、图1-17。狭义上的车体一般指钢结构或者合金结构，主要由底架、侧墙、端墙及车顶的部分焊接而成。其中底架是车体的基础，由各种纵向梁、横向梁、辅助梁和地板梁等组成，承载着作用于动车组车厢上的各类载荷。因此，动车组车体应具有足够的强度和刚度，其结构形式也随车厢的用途有所不同。整体来说，现代动车组车体采用整体承载的钢结构或大型中空铝合金型材，以实现在最轻的自重条件下满足强度和刚度的要求，图1-18为制造中的车体。

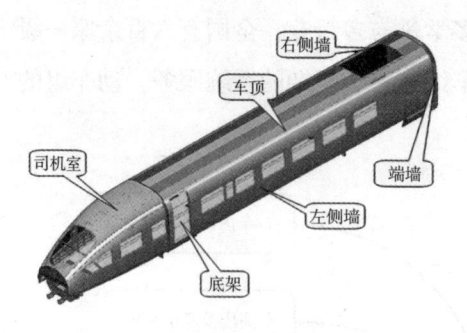

图1-16 带司机室的头车车体骨架　　　　　图1-17 中间车车体骨架

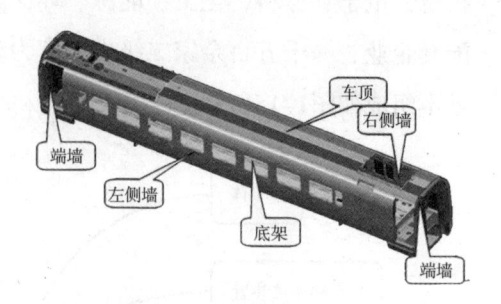

图1-18 制造中的车体

广义上的车体还包含车内装饰及车内外相关服务或辅助设施，如图1-19中的车门、车窗、行李架、卫生间、头罩、裙板等，本书中我们将这些设备归到车内设施中。

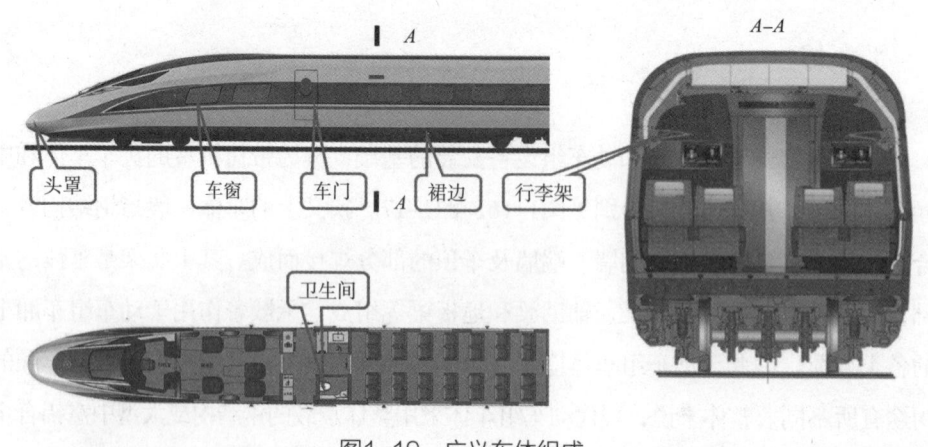

图1-19 广义车体组成

2.车端连接装置

动车组车端连接装置（图1-20）包括车钩及缓冲装置、前端开闭机构、风挡和贯通道装置，通过它们使动车组各车辆之间相互连接，并使车辆之间保持一定的距离，传递相邻车辆之间的牵引力和制动力，缓和车辆之间的纵向冲动，实现电路及气路连接。

根据作用的不同，在不同车端安装有不同形式的车钩及缓冲装置，如头车需要经常与其他动车组或机车进行联挂，所以头车的头罩内安装有可以实现机械、电气与气路自动连通的全自动车钩。动车组相互联挂时，可自动打开头罩开闭机构，自动实现车钩之间的联挂。动车组中间车两端安装有带缓冲器半自动车钩和带压溃管半自动车钩两种，它们成对配合使用，实现车辆之间的机械连接和气路自动连通。而在无须解编的两个车厢之间采用半永久性车钩，以降低动车组的制造成本，半永久性车钩用连接环进行手工连接。

在动车组车底的设备舱中，还备有过渡车钩，过渡车钩采用统型过渡车钩的两个模块，是在机车救援动车组时，机车车钩与动车组车钩之间实现相互联挂的部件。

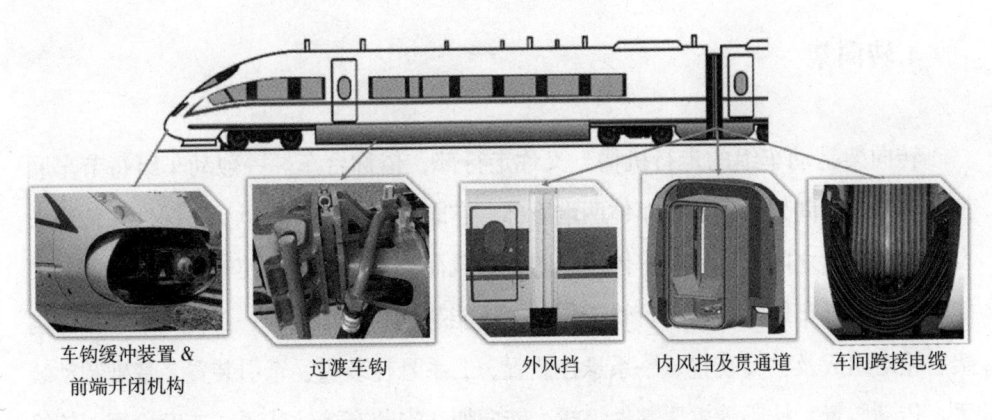

车钩缓冲装置 & 前端开闭机构　　过渡车钩　　外风挡　　内风挡及贯通道　　车间跨接电缆

图1-20　动车组车端连接装置

3.车内设施

车内设施主要包括乘客座椅、行李架、大件行李柜、内部门、厨房设备、垃圾箱、灭火器、影视、广播、照明、电茶炉等（部分见图1-21），它们是动车组上直接为乘客服务的设备。此外，车内还包括车厢内饰、电器柜、应急备品柜、配电盘等动车组正常运行所需部件。

商务座　　　　　　　一等座　　　　　　　服务台

餐吧　　　　　　　盥洗室　　　　　　　大件行李柜

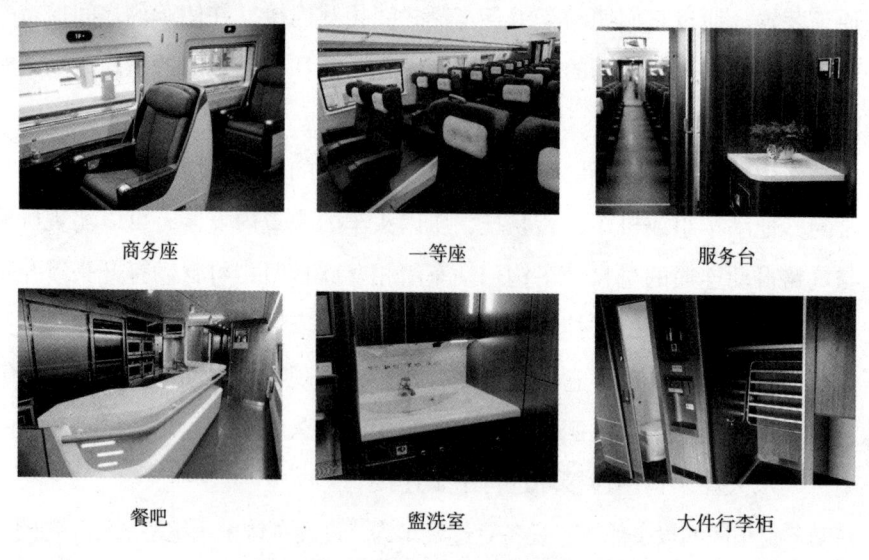

图1-21　动车组车内设备（部分）

4.转向架

转向架是动车组的走行机构，又称走行部，俗称台车。一般动车组每节车厢都设有两台转向架，安装在车体两端下部，它既能支撑车体，承受、缓冲并传递来自车体与轮对之间或钢轨与车体之间的各种载荷及作用力，并使轴重均匀分配，又能够牵引引导车体沿两条平行轨道行驶，还能起到制动作用。一台转向架通常由构架、轮对组成及轴箱装置、一系悬挂装置、二系悬挂装置、牵引装置、基础制动装置、传动装置、枕梁等主要部件组成，转向架还安装有接地装置、速度检测、轮缘润滑装置和撒砂扫石装置等附件。不同系列的动车组转向架、同系列安装位置不同的转向架、动车与拖车转向架的结构有区别。如有的转向架设置了枕梁，有的没有设置枕梁；动车转向架上有牵引电机与齿轮箱，而拖车转向架没有。动车组转向架通常安装两条轮对，在个别城轨车辆转向架上安装有单轴转向架，部分机车上还安装有三轴转向架。CRH380B动车组动车与拖车转向架见图1-22和图1-23。

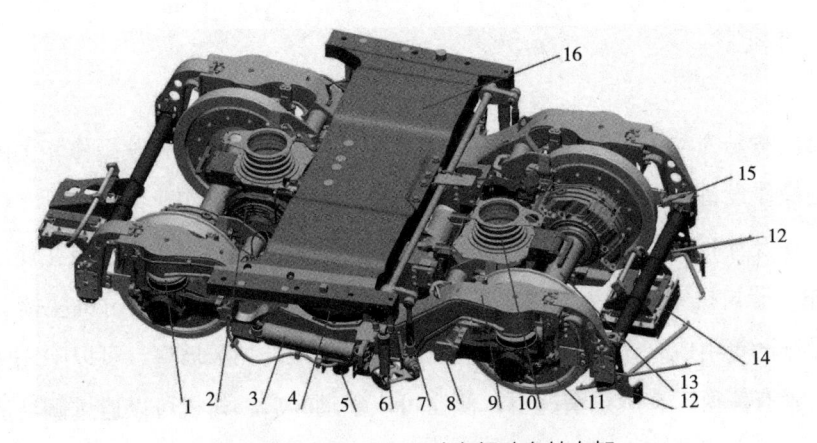

图1-22 CRH380B动车组动车转向架

1—一系悬挂装置 2—牵引电机传动装置 3—抗蛇行减振器 4—二系悬挂装置 5—GFX-3型接收器 6—垂向减振器 7—抗侧滚扭杆 8—轴箱定位装置 9—动车转向架构架 10—牵引电机通风装置 11—轮装制动盘 12—撒砂和排障器 13—动车轮对 14—天线端梁组成 15—轮缘润滑装置 16—枕梁组成

图1-23 CRH380B动车组拖车转向架

1—拖车转向架构架 2—二系悬挂装置 3—拖车轮对 4—制动夹钳 5—轴装制动盘 6—一系悬挂装置 7—轴箱定位装置 8—横向终点止动装置 9—抗蛇行减振器 10—枕梁组成 11—垂向减振器 12—轴箱

5.司机室

司机室是为动车组驾驶操控员提供的专属空间，配置有驾驶操作相关的显示与控制操作设备，并设置操纵台与驾驶座椅，为司机提供作业条件。动车组在两头车中各设置有一个司机室，两端的司机室具有相同设置与功能，但在使用时，只允许一端司机室被激活。动车组司机室主要由司机操纵台、司机座椅、电气柜、操作区等组成，司机室前方安装有带加热功能的挡风玻璃，可以除霜除雾；两侧设置有侧窗，在紧急情况下，侧窗可以手动开启，司机可以通过侧窗逃生；在司机室后方还设置有司机室隔断门，将乘客隔离在司机室外，避免打扰司机执行出乘任务。图1-24是CRH380B动车组的司机室。

图1-24　CRH380B动车组司机室

6.供风及制动系统

供风系统是指动车组中产生压缩空气的系统，通常一列动车组中，供风系统包括2~3套主供风单元和2~3套辅助供风单元，每套主供风单元又包含框架、空气压缩机、干燥器、油滤器、储风缸、阀门和管道等元件。主供风单元主要为受电弓、制动系统、撒砂装置、空气弹簧、车钩、车门、卫生间、轮缘润滑、刮雨器、汽笛和车门等提供一定压力的压缩空气。当动车组刚启动或主供风单元压力较低时，由辅助供风单元给受电弓、真空断路器和高压隔离开关等供风。辅助供风单元主要由空气压缩机、干燥器、再生风缸、油滤器、阀门、管道和框架等组成。CR400BF动车组的主辅供风单元组成见图1-25和图1-26。

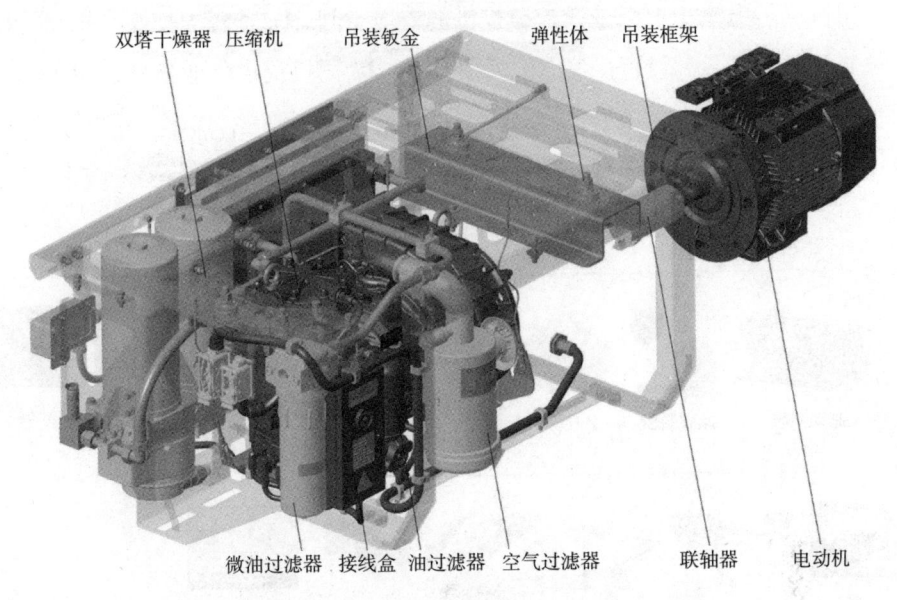

图1-25 CR400BF动车组主供风单元组成示意图

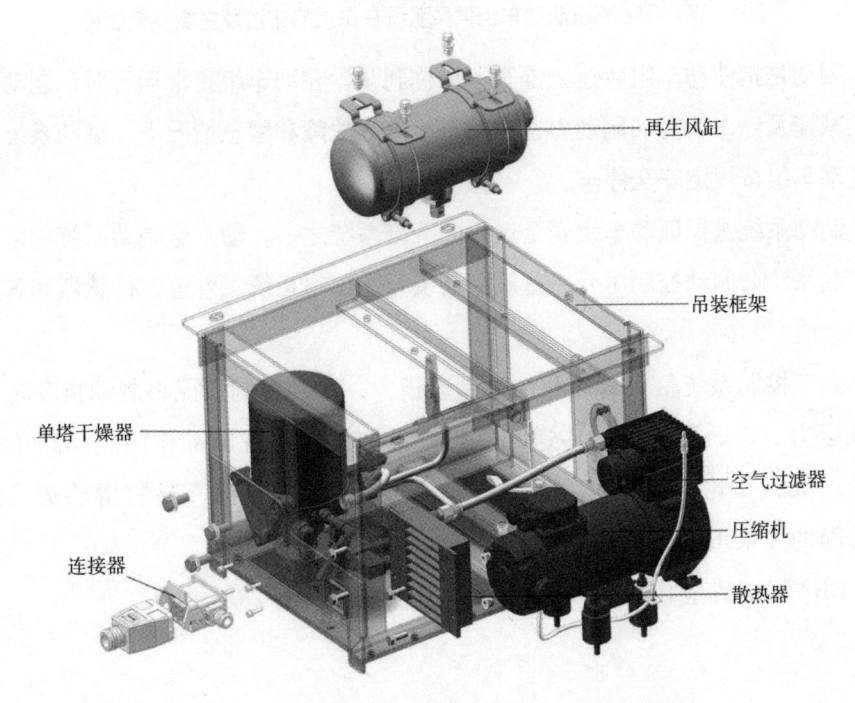

图1-26 CR400BF动车组辅助供风单元组成示意图

CRH380B动车组供风系统在车上的布置及主要耗气装置如图1-27所示。

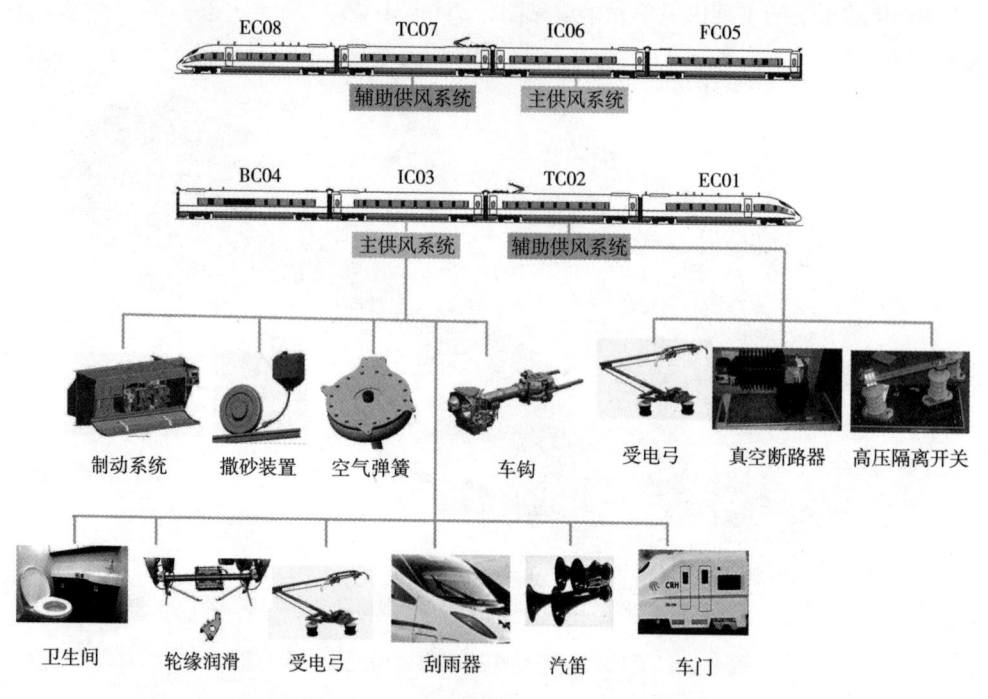

图1-27　CRH380B动车组供风系统在车上的布置及主要耗气装置

制动是指使动车组减速或停车，俗称刹车。在动车组正常运行时，制动系统提供减速及停车所需的制动力；在动车组出现故障和紧急情况下，制动系统能够保证动车组按规定安全停车。

制动系统是保证动车组安全运行的关键系统之一。动车组制动系统通常由列车控制系统、制动控制单元、基础制动装置、防滑系统、管道、传感器和各类阀门等组成。

列车控制系统负责管理和传输制动指令，制动控制单元将制动指令转换为空气压力，再通过管道，传递到基础制动装置，实现制动作用。当动车组制动力过大，车轮有抱死打滑的趋势时，防滑系统能消除车轮打滑趋势，使轮轨之间的关系重新回到黏着中来。

CR400BF动车组制动系统与供风系统关系如图1-28所示。

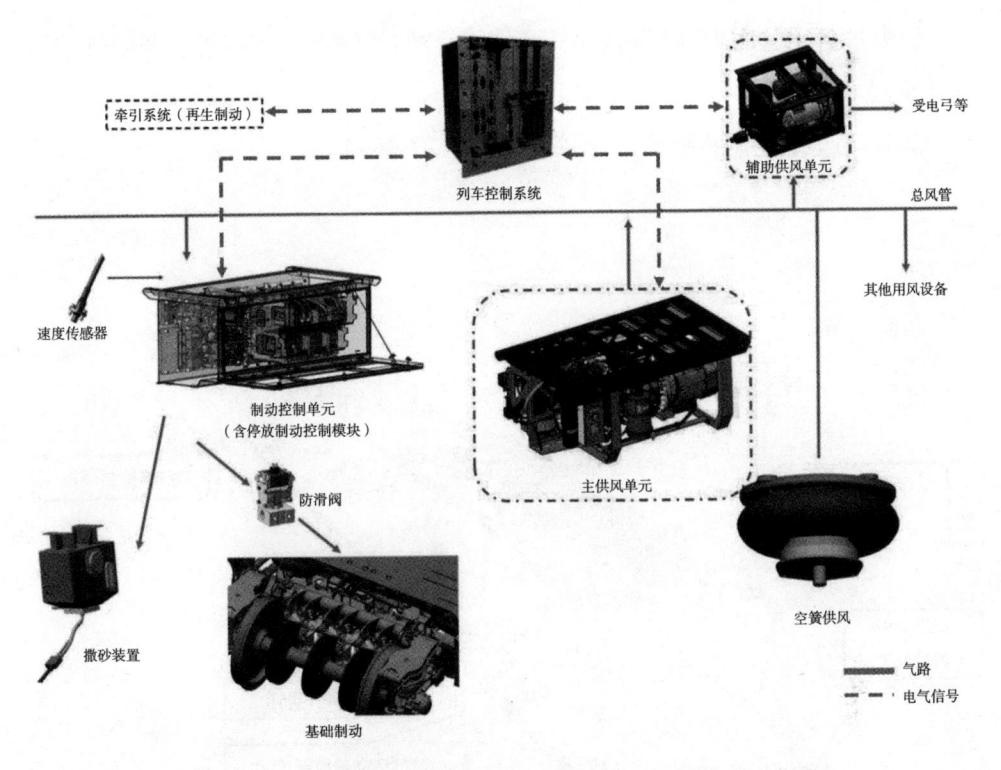

图1-28　CR400BF动车组制动系统与供风系统关系示意图

7.车内环境控制系统

动车组的车内环境影响乘客乘坐的舒适性,该环境主要受空气环境、声环境和光环境共同影响。动车组车内环境控制系统主要使动车组车内环境满足照明、和噪声要求,并维持车厢中规定的温度、湿度和压力。该控制系统通常是空调系统、压力保护系统、采暖系统、噪声控制系统、司机室空调系统、应急系统和照明系统的统称。

空调系统主要的功能是通过对客室的空气质量、温度、湿度、微风速等进行控制调节,以及控制车内外压差,为旅客提供一个良好的空气环境。

以CRH3动车组为例,依据此车的特点及结构,空调系统主要由以下几部分组成:安装在车顶的单元式空调机组,安装在车顶并贯穿于整车的供风道,风道两侧与侧墙风道连接的软风道,空调机组两侧的新、回风混合箱,安装在车下的废排单元，布置在车内的废排风道、控制系统和布置在通过台的风扇加热器等。

CRH3动车组空调系统的布置示意图如图1-29所示。

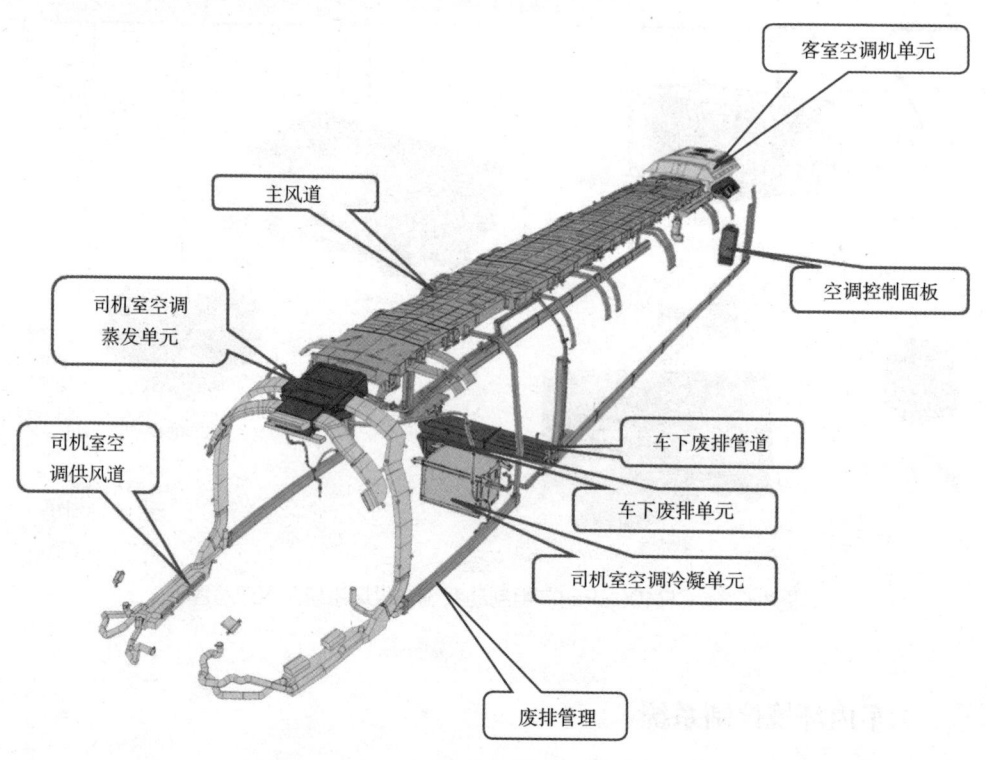

图1-29 CRH3动车组空调系统的布置示意图

动车组照明的目的是照亮整个车厢，为旅客和工作人员提供旅途生活和工作所需照明。照明按区域分为客室照明（行李架灯带）、一等车及头车休闲区各座席的单个阅读灯、餐车厨房顶灯及其他区域（通过台、卫生间、走廊、司机室、乘客服务区）的顶部射灯以及餐车吧区特殊装饰灯。按功能可分为主照明、应急照明，阅读灯是主照明的一部分。图1-30为复兴号动车组照明系统中部分设备的实物图。

车内噪声控制系统主要是通过在车体结构中安装隔音、减振性能良好的材料来实现。如在车体与内墙之间填充发泡材料，在车体底架上方底板上黏接具有减振作用的树脂材料，在地板上铺一层玻璃丝绵材料等。

一等座车厢照明（行李架灯带） 　　　　阅读灯（座椅右上方）

餐车照明 　　　　　　　　　　　　　商务座车厢照明

图1-30　复兴号动车组照明系统中部分设备的实物图

8.高压及牵引系统

动车组高压系统中的受电弓从标称电压25kV的接触网受流获取高压电，经变压、整流和变流后，传递至牵引电机，使其工作。同时，高压系统也将接触网的高压电与动车组其他系统进行隔离，从而保证乘客安全。

高压系统通常由受电弓、真空断路器、接地保护开关、避雷器、高压隔离开关（部分车型无该部件）、电压互感器、电流互感器、高压电缆接头等组成。

动车组牵引系统的作用是在牵引工况下将电能转化为机械能来牵引列车行驶，在制动时将机械能转化为电能反馈给接触网或本动车组的辅助供电系统。牵引系统一般包括牵引变压器、牵引变流器、牵引电机等部件。

图1-31为CRH380B动车组的高压牵引系统组成示意图。

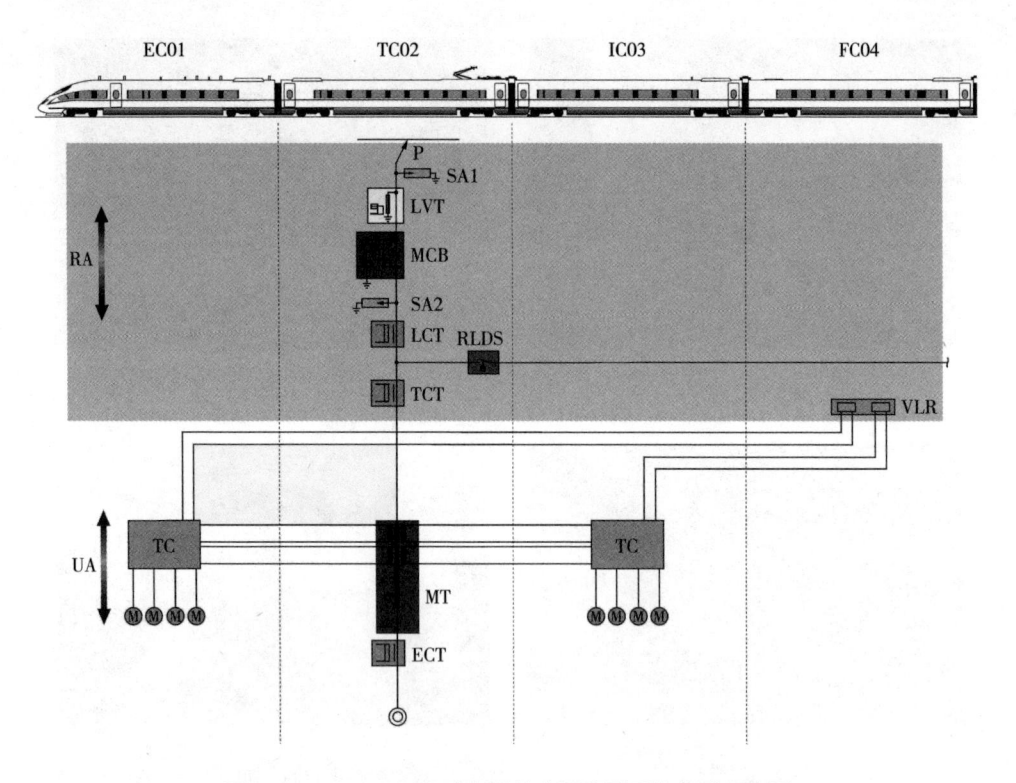

图1-31 CRH380B动车组的高压牵引系统组成示意图

ECT—接地电流互感器　RA—车顶区　M—牵引电机　RLD—车顶线路断开开关　LCT—线路电流互感器　SA1/SA2-电涌放电器　LVT—线电压互感器　TC—牵引变流器　MCB—主断路器/接地开关　TCT—变压器电流互感器　MT—牵引变压器　UA—地板下区域　P—受电弓　VLR—限压电阻器

9.辅助供电系统

动车组辅助供电系统为列车辅助设备如空调装置、照明、网络控制系统、制动装置、旅客信息、列车无线电和冷却风机等设备提供电能。辅助供电系统通常能提供AC380V、AC220V、DC110V等多种制式的电源,部分系列的动车组提供DC100V的电源。

另外,作为辅助供电的应急补充,充电机能向蓄电池充电,紧急时蓄电池可短时间向低压负载供电。辅助供电系统主要由辅助变流器、充电机、蓄电池、单向逆变器、电源插座等元件组成。

图1-32为CRH380A动车组辅助供电系统组成示意图。

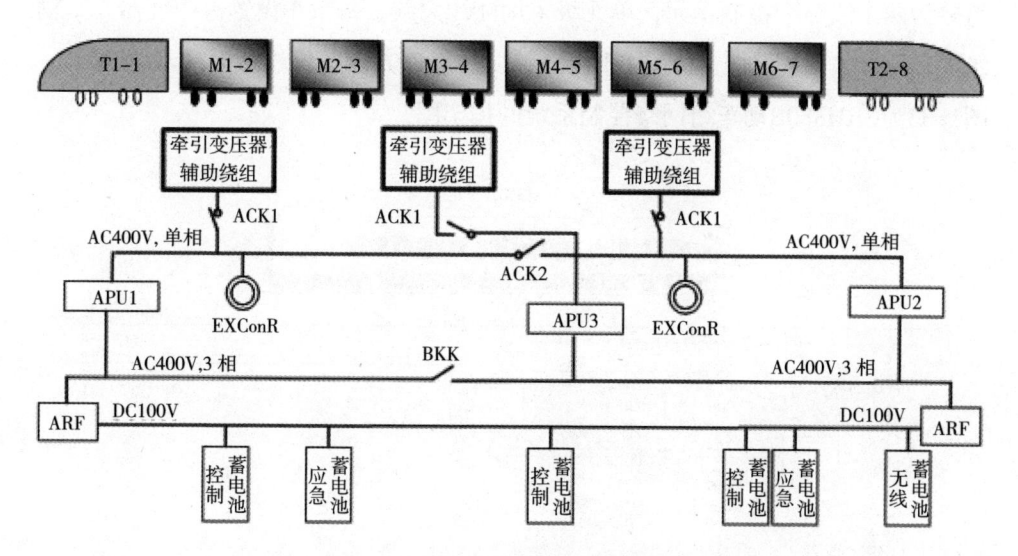

图1-32　CRH380A动车组辅助供电系统组成示意图
ACK—交流接触器　APU—辅助电源装置　ARF—辅助整流器箱　BKK—扩展供电接触器
EXConR—外部电源连接器插座

10.网络控制系统

动车组网络控制系统（TCMS）通过车载计算机来实现列车上各个系统之间的信息交换，对列车运行状态和车载设备信息进行集中管理，为司机和乘务员的操作提供有效指导，对动车组状况进行监测和诊断，确保动车组高速运行的安全，为设备的维修保养和乘客服务提供支持。

该系统具有信息传输、逻辑控制、画面显示、故障诊断和用户支持五大功能。并通过MVB总线实现与牵引控制系统、制动控制系统、辅助控制系统、空调控制系统、车门控制系统、旅客信息系统、轴温检测系统、充电机、烟火报警系统、受电弓控制器、BIDS和WTD等部件的数据交换；通过以太网与牵引控制系统、辅助控制系统和WTD进行连接，实现维护、诊断功能。

动车组网络控制系统分为两级结构：列车级和车辆级。

> 动车组技术发展研究

列车级采用WTB总线和以太网环网贯穿全车，并且预留动车组重联接口，保证重联时网络互联互通。以太网主要承担维护、检修以及信息化功能；整列动车组分为两个或三个控制单元，单元级采用MVB总线，每节车设置有中继器。车辆级同样采用MVB总线，网络内部各设备以及第三方设备均连接至MVB总线上。图1-33为CRH380B动车组网络控制系统的构架图。

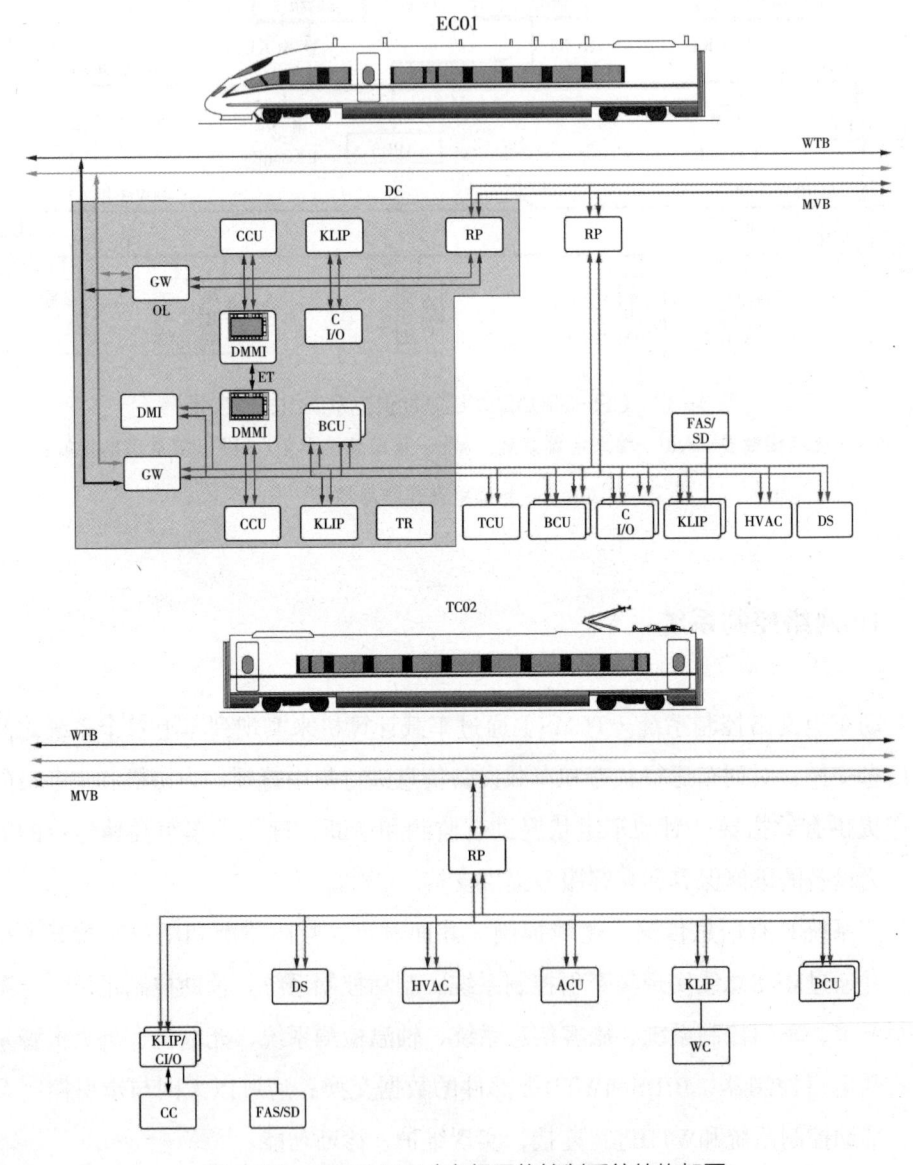

图1-33　CRH380B动车组网络控制系统的构架图

11.行车安全设备

动车组行车安全设备主要包括列车自动保护系统（简称ATP系统）与机车综合无线通信设备（简称CIR系统），该系统主要功能是对列车进行自动监测、检测列车位置、停车点防护、超速防护、列车间隔控制、临时限速、测速与测距、车门控制、司机操作记录等控制，以防事故发生。

ATP系统主要由主机柜、显示器、车下BTM天线、TCR天线、速度传感器和车顶无线天线等设备组成。ATP系统、CIR系统显示器及操作界面位于司机室操纵台，主机分布在头车的ATP配电柜内，相应的通信天线分布在车下和车顶，速度传感器安装在车辆的轴端。图1-34展示的是司机室操纵台上的行车安全设备布置。

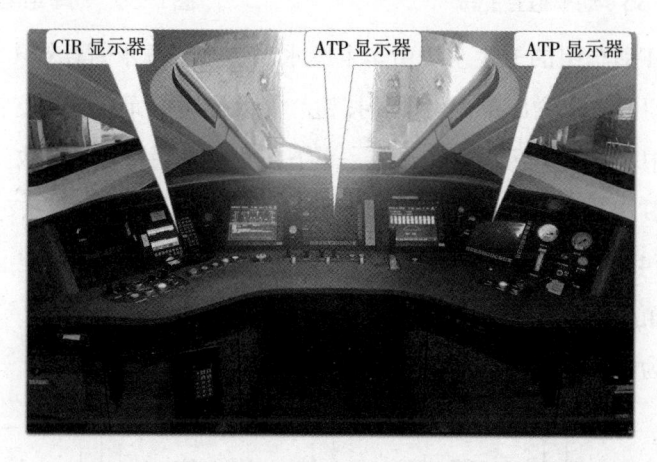

图1-34 司机室操纵台上行车安全设备的布置图

12.给水及卫生系统

动车组给水及卫生系统包括供水系统和卫生系统两大部分。供水系统主要负责向动车组各用水设备分别提供不同水质水源，如向厨房提供生活用水、向电茶炉提供饮用水、向盥洗池提供洗漱用水、向集便器提供冲洗用水等，其中电茶炉用来为车内乘客提供饮用水；卫生系统负责为乘客提供舒适的卫生环境和收集污物。

CR400AF动车组的给水系统由车下水箱（400L）、车下液位显示装置（设置于车体两侧，每车2个）、车上信息显示装置（设置于车上配电柜，每车1个）组成，为车上卫生间、电热开水器、盥洗室、洁具池供水。动车组每节车厢设置有一台电磁加热式电热水器，可为乘客提供温度大于90℃的开水。图1-35与图1-36是动车组卫生间、电茶炉实物图。

图1-35　动车组卫生间

图1-36　动车组电茶炉

CR400AF动车组的卫生系统由车下废水污物箱、废水暂存箱（10L）、蹲式便器、坐式便器、水增压单元、便器按钮、气动控制单元、电气控制单元组成。该系统采用中转式真空污物收集系统，车下设置废水污物箱用于收集便器污物和盥洗废水。其中1、8号车废水污物箱450L，2、3、6、7号车废水污物箱600L，5号车废水箱450L。系统具有废水污物收集、便器冲洗、防冻清空、防冻加热、75%、100%箱满保护、故障检测显示、网络通信等功能。

图1-37为CR400AF动车组给水与卫生系统布局图。

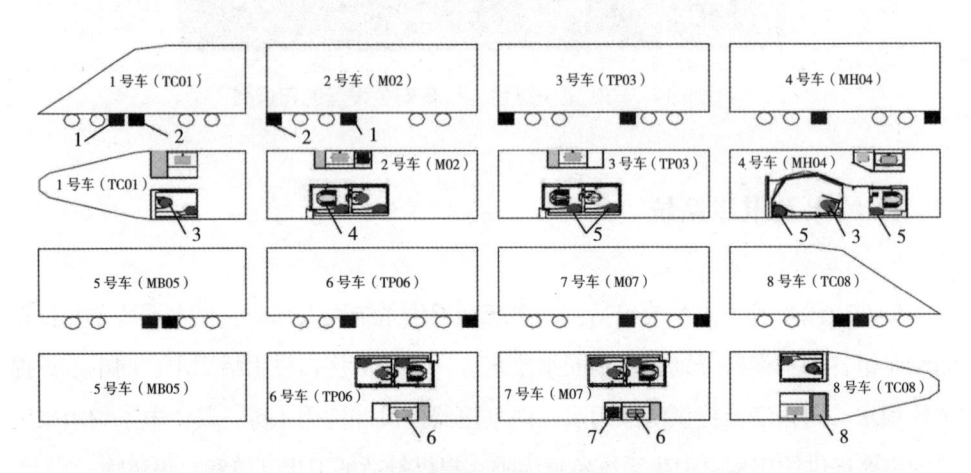

图1-37　CR400AF动车组给水与卫生系统布局图

1—车下水箱　2—污物箱　3—坐便器　4—蹲便器　5—洗手器　6—冷热洗面器
7—洁具柜　8—电开水炉

四、动车组车辆的命名与编组

1.车辆的命名

动车组中,有的车辆带司机室,有的车辆车顶有受电弓,有的车辆转向架上带牵引电机,有的车辆中有餐吧。为了区分不同类型的车辆,我们给车辆进行了命名,采用英文单词及其缩写来表示不同类型的车辆。如动车用Motor或字母M表示,拖车用Train或字母T表示。

动车又可以分为带司机室的动车(MC)、不带司机室的动车(M)、带受电弓的动车(MP)。设置了司机室的拖车用字母TC表示,带受电弓的拖车用字母TP表示。

我国动车组车辆的名称与含义如表1-1所示,因和谐号系列动车组前期未进行统型工作,出现了不同的英文缩写表示同一类型车辆的现象,在复兴号系列动车组中,已经对车辆的命名进行了统一规定,如表格中加阴影的部分。

表1-1 动车组车辆的名称与含义

车辆名称	含义	车辆名称	含义
MC	带司机室的动车	EC	带司机室的动车
Tb	带餐吧的拖车	TC	带变压器与受电弓的拖车
MS	带一等座的动车	FC	头等座拖车
Tk	带餐吧的拖车	BC	带餐吧的拖车
IC	带变流器的动车	TPB	带餐吧与受电弓的拖车
T	拖车	M	动车
TP	带受电弓的拖车	MH	带残疾人卫生间的动车
TC	带司机室的拖车	MB	带餐吧的动车

2.动车组编组

如前所述,动车组通常由一系列带动力的动车和不带动力的拖车,采取一定的方式,通过车端连接装置,相互连接而形成的固定编组,动车组在正常使用期限内以固定编组模式运行。为了简化表示,动车组编组形成通常记为XMXT,表示该动车组中,有X辆动车和X辆拖车,如CR400AF动车组的编组形式为4M4T、CRH1A动车组的编组形式为5M3T、CRH2A动车组的编组形式为4M4T。我国各型号的动车组的编组形式各有差异,图1-38为我国主要动车组的编组形式。

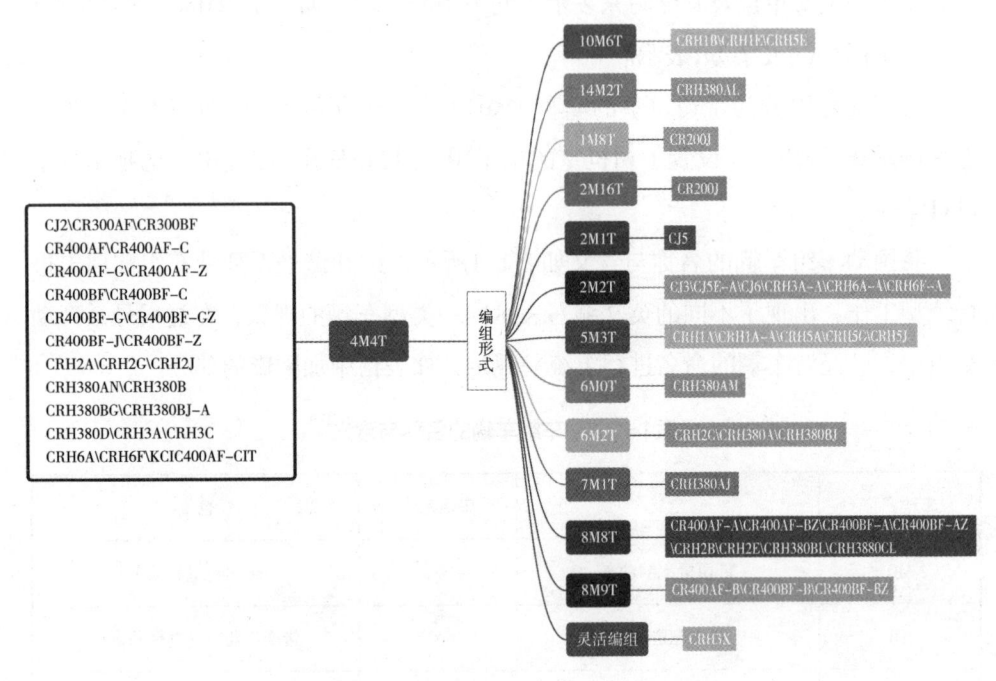

图1-38 我国主要动车组的编组形式

五、动车组编号规则

大家在坐动车组的时候或多或少都会留意到车身上有这么一串数字:

CR400AF-1007。很多人都不理解这一串数字的含义。但对动车组来说，这串数字就相当于是它们的身份证号码。对动车组配属十分熟悉的铁路爱好者，通过这一串数字可以判断该动车组配属在哪个路局、哪个动车段，甚至哪个动车运用所。下面就给大家讲一下这串数字，也就是动车组编号的命名规则。

1.技术序列代码命名规则

（1）旧版命名规则

这一版的命名规则于2006年开始使用，2014年7月1日后就改用了新版的命名规则。

格式如下：

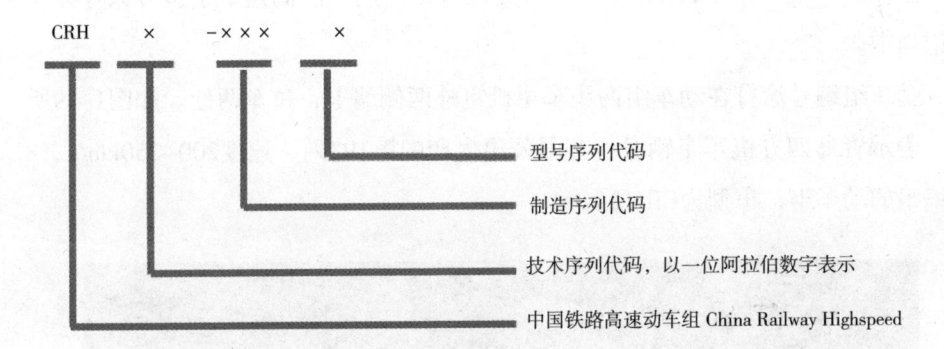

```
CRH    ×    -×××    ×
                     └── 型号序列代码
              └────────  制造序列代码
       └───────────────  技术序列代码，以一位阿拉伯数字表示
└──────────────────────  中国铁路高速动车组 China Railway Highspeed
```

这里的CRH代表China Railway Highspeed，即中国铁路高速动车组。

第一个X代表技术序列代码，分别代表不同的生产单位。

1：青岛四方庞巴迪铁路运输设备有限公司（即BST）[*]。

2：青岛四方机车车辆股份有限公司。

3：唐山机车车辆有限公司。

4：弃用。

---

[*] 2021年，阿尔斯通成功收购庞巴迪的铁路业务后，青岛四方庞巴迪铁路运输设备有限公司变更为青岛四方阿尔斯通铁路运输设备有限公司，简称AST。本书延续变更之前的名称。

5：长春轨道客车股份有限公司。

相信大家会发现，这里面没有数字6，这是因为这一阶段的动车组以引进型为主，作为城际动车组的CRH6这个时候可能连图纸都还没有，因此6对应的生产单位没有被列出来。

中间的一组X为三位数车组编号。各技术平台不同车型均由001号起根据制造顺序排列，000号则为检测车。

最后一个X代表子型号。

A：200～250km/h、8编组、座车。

B：200～250km/h、16编组、座车。

C：300～350km/h、8编组、座车。

D：300～350km/h、16编组、座车。

E：200～250km/h、16编组、卧铺车。

但在动车组运用中，D这个子型号并没有被使用，因而这个子型号只存在于理论当中。

动车组编号涂打在动车组两头车司机室外两侧墙上，每车两处。如图1-39所示，表示青岛四方机车车辆股份有限公司生产的第193列、速度200~250km/h、8辆编组的动车组，车型为CRH2A。

图1-39 CRH2-193A动车组

（2）新版命名规则

这一版命名规则自2014年7月1日起使用，相比上一版命名规则，有很大的变化。

格式如下：

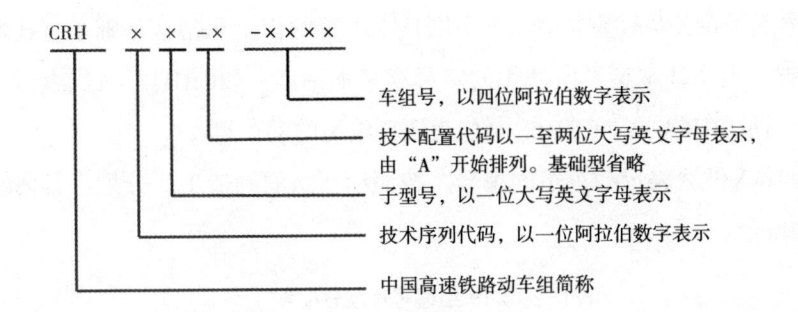

```
CRH ×× -× -××××
```

- 车组号，以四位阿拉伯数字表示
- 技术配置代码以一至两位大写英文字母表示，由"A"开始排列。基础型省略
- 子型号，以一位大写英文字母表示
- 技术序列代码，以一位阿拉伯数字表示
- 中国高速铁路动车组简称

第一个X代表技术序列代码，仍然代表不同的生产单位。

1：青岛四方庞巴迪铁路运输设备有限公司（即BST）。

2：青岛四方机车车辆股份有限公司。

3：唐山机车车辆有限公司。

4：弃用。

5：长春轨道客车股份有限公司。

6：青岛四方机车车辆股份有限公司／南京浦镇车辆有限公司／中车广东轨道交通车辆有限公司。

新版命名规则中出现6这个代码，由三个生产单位使用：四方股份、浦镇公司、中车广东。

第二个X代表子型号。

A：200～250km/h、8编组、座车。

B：200～250km/h、16编组、座车。

C：300～350km/h、8编组、座车。

D：300～350km/h、16编组、座车。（实际运用中没有使用）

E：200～250km/h、16编组、卧铺车。

F：160～200km/h、8编组、座车。

G：200~250km/h、8编组、耐高寒座车。

J：综合检测动车组。

可以看到，新版命名规则中出现了更多的子型号，而检测车也不再用000号表示了，但同样的，D还是只存在于理论当中。而短暂出现的H已和G统一为一个子型号，故没有列出。

子型号后面的X表示基本型号下不同技术配置的衍生车型，基础车型技术配置代码缺省，不同基本型号所使用的字母意义不一样。如CRH1A-A代表新一代的CRH1A，而CRH6A-A、CRH6F-A代表四辆编组的动车组。

最后四位X仍然表示动车组的编号，按照动车组的制造工厂分配。具体的分配如表1-2所示。

表1-2 动车组编号号段分配表

编号号段	型号系列	生产商
0101~0199	CRH全系列，这一栏编号号段是用于检测车、试验车等特殊用途的动车组，例如"黄医生"，以及非铁路总公司统一采购的列车	—
0201~0299		
0301~0399		
0401~0499		
0501~0599		
1001~1499	CRH1系列	青岛四方庞巴迪铁路运输设备有限公司
2001~2499	CRH2系列	青岛四方机车车辆股份有限公司
3001~3499	CRH3C/部分CRH3A	唐山机车车辆有限公司
4001~4499	CRH2统型、CRH6系列	青岛四方机车车辆股份有限公司 南京浦镇车辆有限公司
5001~5499	CRH5系列/部分CRH3A	长春轨道客车股份有限公司

新版动车组编号仍然涂打在动车组首尾车司机室外两侧侧墙上，每车两处。如图1-40所示，左图表示青岛四方机车车辆股份有限公司生产的第6列、速度200~250km/h、8辆编组的动车组，车型为CRH2A。右图表示唐山机车车辆有限公司生产的第15列、速度300~350km/h、8辆编组的动车组，车型为CRH3C。

（a）CRH2A-2006 动车组　　　　　　　（b）CRH3C-3015 动车组

图1-40　新版动车组技术序列代码命名

2.速度目标值命名规则

这个命名规则同样分为旧版和新版。

（1）旧版命名规则

格式如下：

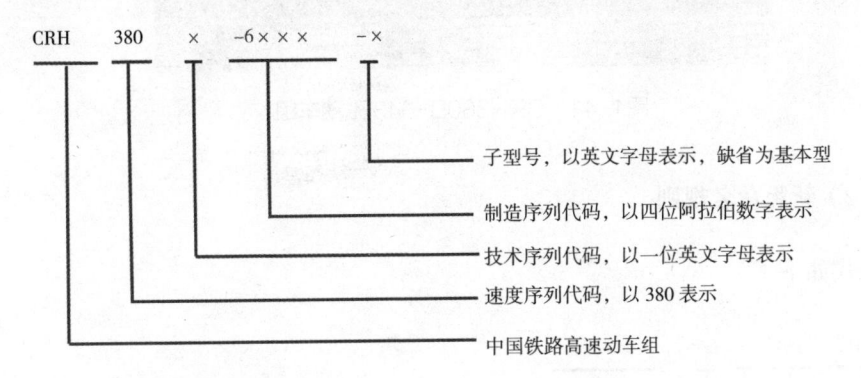

```
CRH  380  ×  -6×××  -×
```

子型号，以英文字母表示，缺省为基本型
制造序列代码，以四位阿拉伯数字表示
技术序列代码，以一位英文字母表示
速度序列代码，以380 表示
中国铁路高速动车组

第一个X代表技术平台代码。

A：青岛四方机车车辆股份有限公司、8编组、座车。

B：唐山机车车辆有限公司/长春轨道客车股份有限公司、8编组、座车。

C：长春轨道客车股份有限公司、8编组、座车。（与B技术平台相比，采用了不同的牵引及控制系统。）

D：青岛四方庞巴迪铁路运输设备有限公司、8编组、座车。

037

6XXX为四位数车组编号。以6字开头，各号段分配如下。

6001~6200：青岛四方机车车辆股份有限公司。

6201~6400：长春轨道客车股份有限公司。

6401~6600：唐山机车车辆有限公司。

6601~6700：青岛四方庞巴迪铁路运输设备有限公司。

若只有三位数，则为检测车。

最后一个X代表子型号，但那个时候只有一个子型号L，表示16编组动车组。

如图1-41表示唐山机车车辆有限公司生产的第35列、速度380km/h、16辆编组的动车组，车型为CRH380B。

图1-41　CRH380B-6435L动车组

（2）新版命名规则

格式如下：

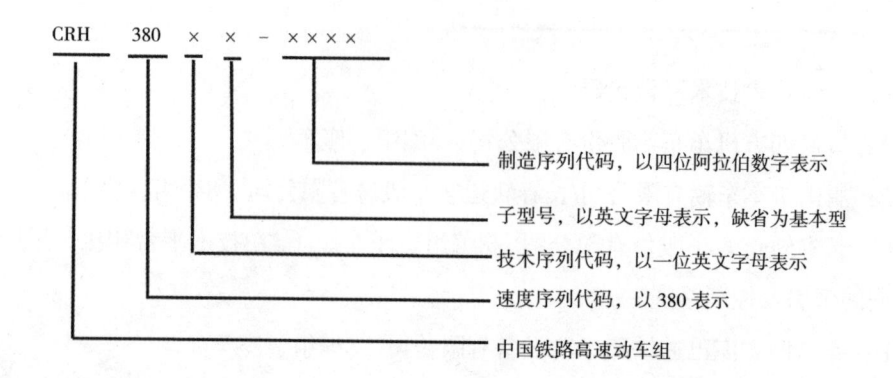

```
CRH 380 × × - × × × ×
```

- 制造序列代码，以四位阿拉伯数字表示
- 子型号，以英文字母表示，缺省为基本型
- 技术序列代码，以一位英文字母表示
- 速度序列代码，以380表示
- 中国铁路高速动车组

第一个X代表技术平台代码。

A：青岛四方机车车辆股份有限公司、8编组、座车。

B：唐山机车车辆有限公司/长春轨道客车股份有限公司、8编组、座车。

C：长春轨道客车股份有限公司、8编组、座车。（与B技术平台相比，采用了不同的牵引及控制系统。）

D：青岛四方庞巴迪铁路运输设备有限公司、8编组、座车。

第二个X代表子型号，空缺则为基本车型。

G：耐高寒动车组。

J：综合检测动车组。

L：基本型的16编组动车组。

M：更高速度等级试验列车，现已改为综合检测动车组。

N：永磁动车组。

和旧版相比，新版规则中的子型号更多了，但不是所有的车型都会使用这些子型号。如G只有380B使用，M和N只有380A使用。

后四位X为四位数车组编号，各号段分配如下。

1501～1999：适用于青岛四方庞巴迪铁路运输设备有限公司生产的CRH380B动车组。

2501～2999：适用于青岛四方机车车辆股份有限公司生产的CRH380A动车组。

3501～3999：适用于唐山机车车辆有限公司生产的CRH380B动车组。

5501～5999：适用于长春轨道客车股份有限公司生产的CRH380B和CRH380CL动车组。

图1-42中，左图表示长春轨道客车股份有限公司生产的第125列、速度380km/h、16辆编组的动车组，车型为CRH380CL；右图表示青岛四方机车车辆股份有限公司生产的第73列、速度380km/h、16辆编组的动车组，车型为CRH380AL。

（a）CRH380CL-5625 动车组　　　　　　（b）CRH380AL-2573 动车组

图1-42　新版速度目标值命名

（3）复兴号动车组命名规则

速度目标值命名规则对复兴号动车组也适用，但格式和内容上有着很大的差异。格式如下：

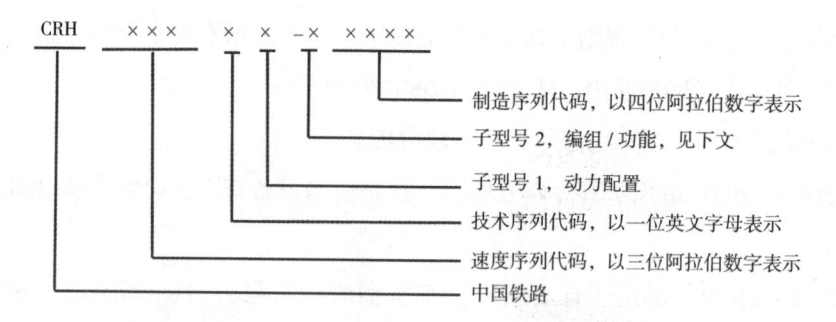

```
CRH  × × ×  ×  × -×  × × × ×
                        └── 制造序列代码，以四位阿拉伯数字表示
                      └──── 子型号2，编组/功能，见下文
                    └────── 子型号1，动力配置
                 └───────── 技术序列代码，以一位英文字母表示
           └─────────────── 速度序列代码，以三位阿拉伯数字表示
     └───────────────────── 中国铁路
```

这里的CR代表China Railway，中国铁路。

前三位代表速度目标值，以动车组设计的最高运行速度目标值命名，分别为450、400、300、200。

速度目标值后的X代表生产厂家代码。

A：青岛四方机车车辆股份有限公司/青岛四方庞巴迪铁路运输设备有限公司生产的动车组。

B：长春轨道客车股份有限公司/唐山机车车辆有限公司生产的动车组。

后一个X代表技术类型中动力配属代码。

F：动力分散型电力动车组。

J：动力集中型电力动车组。

N：动力集中型内燃动车组。

P：动力分散型内燃动车组。

动力配置后的X代表子型号，空缺则为基本车型。

A：基本型的16编组动车组。

B：基本型的17编组动车组。

C：智能动车组，一般为京张、京雄智能动车组。

E：卧铺动车组。

G：耐高寒动车组。

J：高速综合检测车。

S：双层或双源动车组。

Z：普通智能动车组。

最后四位X为四位数车组编号。

1001~1999：适用于青岛四方庞巴迪铁路运输设备有限公司生产的动车组。

2001~2999：适用于青岛四方机车车辆股份有限公司生产的动车组。

3001~3999：适用于唐山机车车辆有限公司生产的动车组。

5001~5999：适用于长春轨道客车股份有限公司生产的动车组。

CRH系列的车组编号有区分速度等级的功能，而CR系列的车组编号没有这个功能。

图1-43中，左图表示青岛四方机车车辆股份有限公司生产的第13列、最高运行速度目标值300km/h、8辆编组的动车组，车型为CR300AF；右图表示长春轨道客车股份有限公司生产的第143列、最高运行速度目标值400km/h、8辆编组智能型动车组，车型为CR400BF-C。

（a）CR300AF-2013 动车组　　　　（b）CR400BF-C-5143 动车组

图1-43　复兴号动车组命名

3.动车组编号

（1）CRH系列动车组部分

a.青岛四方庞巴迪铁路运输设备有限公司

0101～0199：检测车、试验车等特殊用途动车组，非铁总采购动车组。

1001～1499：200～250km/h动车组。

1501～1999：300～350km/h动车组。

b.青岛四方机车车辆股份有限公司

0201～0299：检测车、试验车等特殊用途动车组，非铁总采购动车组。

2001～2499：200～250km/h动车组。

2501～2999：300～350km/h动车组。

c.唐山机车车辆有限公司

0301～0399：检测车、试验车等特殊用途动车组，非铁总采购动车组。

3001～3499：200～250km/h动车组。

3501～3999：300～350km/h动车组。

d.青岛四方机车车辆股份有限公司/南京浦镇车辆有限公司/中车广东轨道交通车辆有限公司

这个号段为新开号段，以解决2组号段已用完，但车组号不够用的情况。

0401～0449：青岛四方机车车辆股份有限公司生产的检测车、试验车等特殊用途动车组，非铁总采购动车组。

0451～0499：浦镇公司生产的检测车、试验车等特殊用途动车组，非铁总采购动车组。

4001～4499：200～250km/h动车组。

4501～4999：300～350km/h动车组。但在实际应用中，此号段意义为200～250km/h动车组。

值得一提的是，舒适版CRH6A的车组号也是使用这一号段的，如CRH6A-4132、CRH6A-4502。

e.长春轨道客车股份有限公司

0501~0599：检测车、试验车等特殊用途动车组，非铁总采购动车组。

5001~5499：200~250km/h动车组。

5501~5999：300~350km/h动车组。

f.中车广东轨道交通车辆有限公司/南京浦镇车辆有限公司

0601~0699：200~250km/h动车组。

g.中车株洲电力机车有限公司

0701~0799：200~250km/h动车组。

（2）CR系列动车组部分

0001~0099：检测车、试验车等特殊用途动车组。

a.青岛四方庞巴迪铁路运输设备有限公司

0101~0199：非铁总采购动车组。

1001~1999：铁总采购动车组。

b.青岛四方机车车辆股份有限公司

0201~0299：非铁总采购动车组。

2001~2999：铁总采购动车组。

c.唐山机车车辆有限公司

0301~0399：非铁总采购动车组。

3001~3999：铁总采购动车组。

d.长春轨道客车股份有限公司

0501~0599：非铁总采购动车组。

5001~5999：铁总采购动车组。

e.南京浦镇车辆有限公司

0601~0699：非铁总采购动车组。

6001~6999：铁总采购动车组。

可以看到，和CRH系列动车组的车组号相比，CR系列动车组特殊用途的动车组有了独立的号段，4这个号段目前为空缺，6号段则为浦镇公司使用。

4.车辆的车种和车号

动车组中,有的车厢是商务车厢,有的是一等座车厢,有的是卧铺车厢,有的带有餐吧,那么如何区分不同的车厢及其功能呢?在动车组上按固定格式标注车种及车号来区分不同功能的车厢,编号规则如下所示。

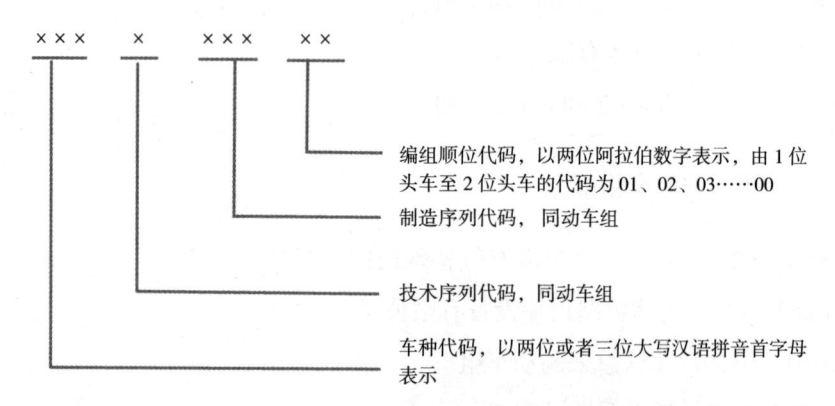

```
×××   ×   ×××   ××
 │    │    │    │
 │    │    │    └── 编组顺位代码,以两位阿拉伯数字表示,由1位
 │    │    │        头车至2位头车的代码为01、02、03……00
 │    │    └────── 制造序列代码,同动车组
 │    └────────── 技术序列代码,同动车组
 └─────────────── 车种代码,以两位或者三位大写汉语拼音首字母
                  表示
```

第一组两个或三个X代表车种代码,以两位或三位大写汉语拼音首字母表示,如一等座车厢用ZY表示,二等座车厢用ZE表示。动车组常见车种及代码如表1-3所示。

表1-3 动车组常见车种代码

车种代码	车种名称	备注
ZY	一等座车	—
ZE	二等座车	—
ZG	高级座车	VIP
WR	软卧车	四人包间
WG	高级软卧车	两人包间
CA	餐车	含酒吧车
ZYG	一等座车/观光车	—
ZEC	二等座车/餐车	—
WRC	软卧车/餐车	—
ZYS	一等座车/商务车	—

续表

车种代码	车种名称	备注
ZYE	一等/二等座车	—

车种代码后的X表示技术序列代码、技术序列代码后的X表示制造序列代码，均与动车组的编号中相关代码的编制规则一致。

最后两位X代表编组顺位代码，以两位阿拉伯数字表示，由1位头车至2位头车的代码为01、02、03……00，如图1-44表示由青岛四方机车车辆股份有限公司生产的第58列动车组的第3号车厢，车种为二等座车。通过外观和车号可以判断，该动车组为CR400AF动车组。

在两头车上，车种和车辆编号标在远离驾驶室侧门的侧墙上，每车两处。在中间车上，车种和车辆编号按每车侧门数量标注在侧门附近的侧墙上。汉字和英文编号排列在靠近旅客车门之处，英文编号还标注在车厢的两端墙上。

图1-44　CR400AF-2058动车组

六、动车组的参数

动车组的技术参数有很多,但概括起来主要有两类。一类是与动车组技术规格相关的性能参数,另一类是与动车组性能和结构有关的主要尺寸参数。

1.性能参数

(1)自重

自重指车辆整备状态下的本身结构及车辆设备组成的全部质量。不同系列的动车组,自重差异较大,如CRH2动车组每节车厢的自重为41.5~48t,CRH3动车组每节车厢的自重为50.38~54.69t,CR400AF动车组每节车厢的自重为55.84~58.82t。动车组生产厂家一般在动车组每节车厢的两端外墙标识出车辆自重、载重、定员、全长、换长等信息,如图1-45所示。

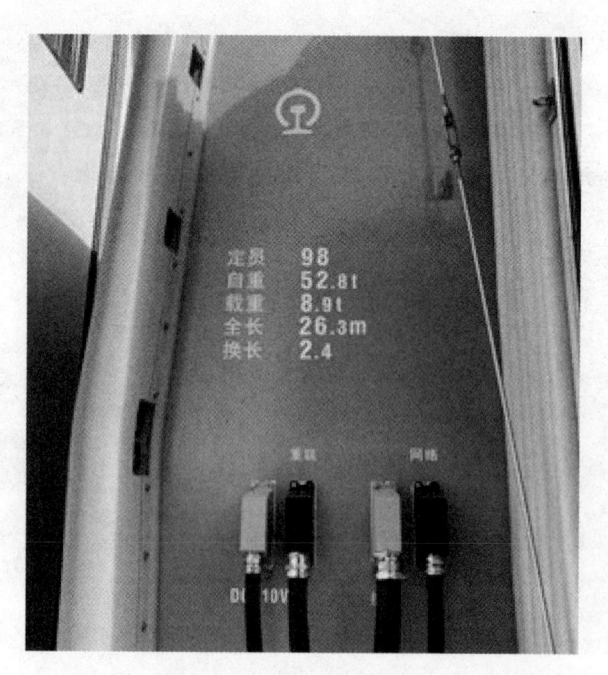

图1-45 动车组车辆外部端墙标记位置示意图

（2）载重

载重即为动车组车厢允许的正常最大装载量，也是以吨为单位，这个参数主要是考虑动车组列车能承载多少旅客。通常按照每个乘客的体重计算得出，一般规定，每个乘客按80kg进行计算。

（3）构造速度

指车辆设计时，按安全及结构强度等条件所允许的车辆最高运行速度。动车组的构造速度符合动车组型谱规定的要求，一般与所安装的转向架有关。动车组生产厂家会在动车组首车和尾车1位侧和2位侧侧墙靠近车辆中央位置标注构造速度。如下图所示，为复兴号动车组CR300AF的构造速度和车长标志位置，从图1-46可以看出，CR300AF动车组的构造速度为250km/h。

图1-46　CR300AF动车组构造速度和车长标识

（4）轴重

轴重是指在某个运行速度范围内，该形式的车轴允许负担的、包括轮对自身在内的最大总质量。轴重的选择与线路桥梁及车辆走行部的设计标准有关。我国车辆轴重分别为：货车22~30t，客车/动车组15~17t，地铁13~14t，轻轨10~12t。

（5）每延米轨道载重

每延米轨道载重是铁道车辆、动车组设计中与桥梁、线路强度密切相关的一个指标，同时又是能否充分利用站线长度、提高运输能力的一个指标，其数值是车辆总质量与车辆全长之比。按目前桥梁设计规范，允许车辆每延米轨道载重可取到8t。图1-47是高速综合检测列车行驶在桥梁上。

图1-47 高速综合检测列车行驶在桥梁上

（6）通过最小曲线半径

通过最小曲线半径是指装备有某种形式转向架的动车组车辆在车站、车辆段、检修基地及停车场内进行调车作业时，所能安全通过的最小曲线半径。当动车组车辆在此曲线区段上行驶时，不能出现脱轨、倾覆等危及行车安全的事故，也不允许转向架与车体底架或车下其他悬挂物相碰。各种速度等级的铁道车辆最小曲线半径如图1-48所示，我们可以在图中发现，运行速度为350km/h的复兴号动车组的最小曲线半径为7000m。

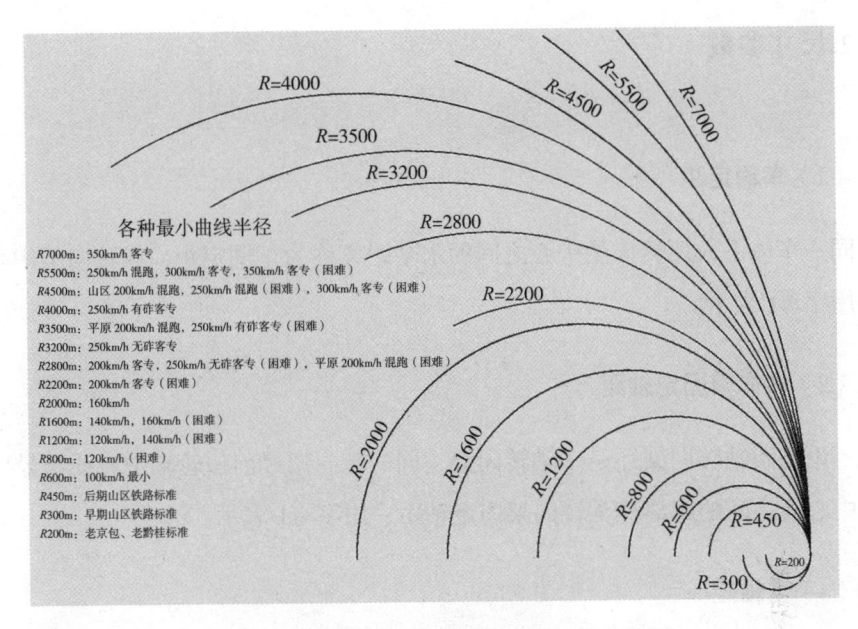

图1-48　各速度等级的铁道车辆最小曲线半径

（7）定员数

为满足运输及乘座舒适度的需要，按动车组车厢的座位或铺位数计算，得出该车厢能容纳乘客的数量，称为定员数，定员数通常标注在动车组车辆外部端墙和车厢内部端墙上，如图1-49所示。

图1-49　动车组定员标识

2.尺寸参数

（1）车辆定距

同一车体下，两转向架中心之间的水平距离称为车辆定距，或转向架中心间距，用字母C表示。

（2）转向架固定轴距

不论是两轴转向架还是多轴转向架，同一转向架最前位轮轴中心线与最后位轮轴中心线之间的距离称为转向架固定轴距，用字母D表示。

（3）全轴距

车辆最前位与最后位车轴中心线间的水平距离，称为全轴距，用字母B表示。

车辆定距、转向架固定轴距、全轴距的相互关系如图1-50所示。我国部分动车组车辆定距与转向架固定轴距数值如表1-4所示。

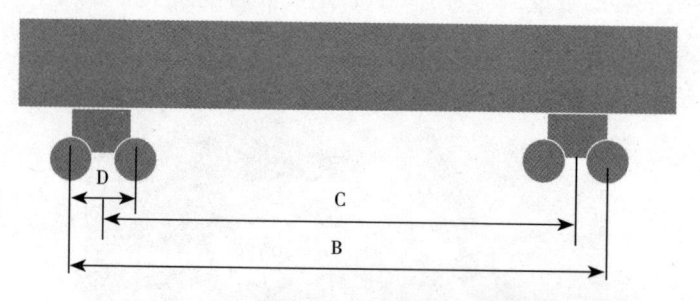

图1-50 车辆定距、转向架固定轴距、全轴距相互关系图

表1-4 我国部分动车组车辆定距与转向架固定轴距数值

数值类型	复兴号动车组	CRH1、CRH380D	CRH2、CRH380A	CRH3、CRH380CL、CRH380B	CRH5
车辆定距（mm）	17800	1900	17500	17375	19000

续表

数值类型	复兴号动车组	CRH1、CRH380D	CRH2、CRH380A	CRH3、CRH380CL、CRH380B	CRH5
转向架固定轴距（mm）	2500	2700	2500		

（4）车辆长度

车辆长度是车辆两端车钩连接中心面之间的距离，如图1-51所示，动车组的头车还包括头罩的长度，我国主要动车组车辆长度如下：

CRH1：头车——26950mm，中间车——26600mm。

CRH2：头车——25700mm，中间车——25000mm。

CRH3/CRH380B：头车——25850mm，中间车——24825mm。

CRH5：头车——27600，中间车——25000mm。

CRH380A：头车——26500mm，中间车——25000mm。

CR400AF：头车——27200mm，中间车——25000mm。

CR400BF：头车——26665mm，中间车——25000mm。

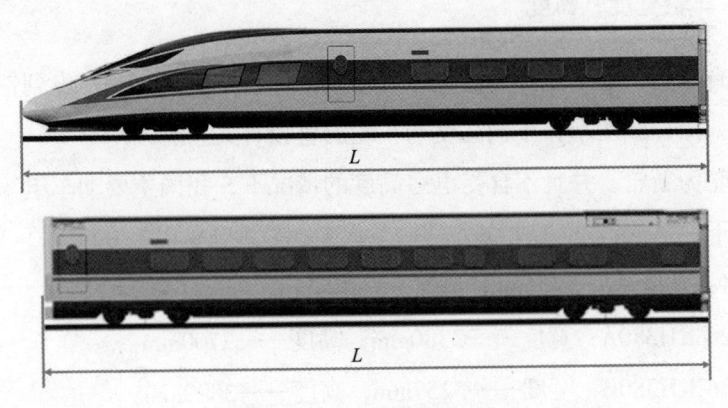

图1-51 车辆长度示意图

在动车组两头车的1位侧和2位侧侧墙，靠近车辆中央处，标注有车长标识。如图1-52所示。

图1-52　CR300BF动车组构造速度和车长标识

（5）车辆宽度、高度

车辆宽度指车体最宽部分的尺寸，车辆高度指车辆顶部最高点到钢轨水平面的距离，如图1-53所示，车辆高度与车轮的直径有关系。

在车轮为新轮，并且不含受电弓高度的情况下，我国主要动车组车辆宽度、高度值如下：

CRH1：宽度——3328mm，高度——4040mm。

CRH2/CRH380A：宽度——3380mm，高度——3700mm。

CRH3/CRH380B：宽度——3257mm，高度——3890mm。

CRH5：宽度——3200mm，高度——4270mm。

CR400AF：宽度——3360mm，高度——4050mm。

CR400BF：宽度——3265mm，高度——4050mm。

值得注意的是，动车组的最大宽度与最大高度需要满足机车车辆限界要求。

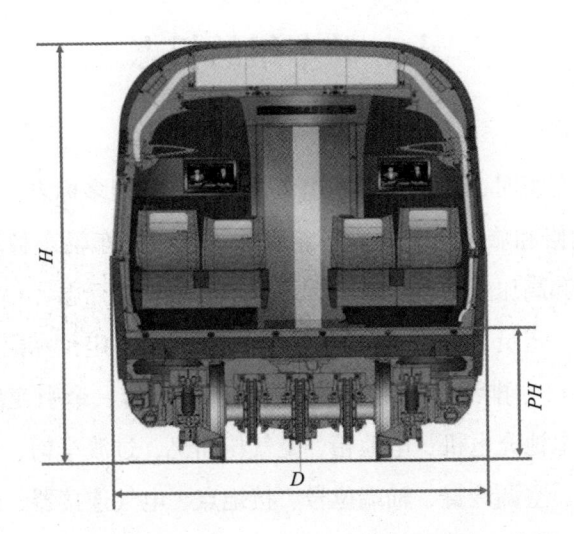

图1-53 动车组的宽度、高度与地板面高度示意图

（6）车钩中心线高度

车钩中心线高度为新造空车状态下，车钩水平中心线距轨面高度。动车组中各车辆的车钩中心线高度基本一致，它是正常传递牵引力及列车运行时不发生脱钩事故所必需的。我国规定动车组两端的车钩中心线高度为1000mm，中间车的中心线车钩高度为935mm。

（7）地板面高度

地板面距轨面的高度与车钩高一样，均指新造或修竣后空车状态下，地板面距轨面高度。它受到两方面的制约：一方面是车辆本身某些结构高度的限制，如车钩高及转向架下心盘面的高度等；另一方面与站台高度的标准有关。我国部分动车组车地板面高度值如表1-5所示。

表1-5 我国部分动车组车地板面高度值

数值类型	CRH1、CRH380D	CRH2、CRH380A	CRH3、CRH380CL、CRH380B、复兴号动车组	CRH5
地板面距轨面高度（整备状态）（mm）	1250	1300	1260	1270

七、动车组的标志

我们乘坐动车组时，会发现动车组车外和车内有很多标志，这些标志用于管理要求、运用检修和旅客服务。动车组型号、车号、车辆车种和编号，以及路徽、配属、铭牌和高压危险禁止攀登标志等都属于管理标志。

自重、载重、定员、换长、速度等级、列车长度、定位标记、顶车位、吊装位、定检、注水口、排污口、制动单元、牵引变压器、牵引变流器、高压控制箱、牵引电机、电池充电机、电池箱、空气压缩机、过渡车钩、注沙口、轮缘润滑、电源输入口、空调冷凝、轴端位号、接地点、电气连接器、配电室和储藏室等属于运用检修标志。

运行区间、车厢顺序号、残疾人设施标记、开门按钮、座位号、铺位号、卫生间、坐便器纸垫、冲洗按钮、残疾人卫生间、卫生间使用状态、灭火器、废物箱、司机室、乘务员室、播音室、禁止吸烟、紧急出口、紧急破窗锤、非饮用水、饮用水、洗手液、感应水龙头、纸巾、残疾乘客专用区、电源插座、大件行李间、儿童购票标准、禁止通过、紧急呼叫设施、紧急制动、当心夹手、禁止倚靠和危险请勿动等属于旅客服务标志。

动车组部分标志名称（内容）和图例如图1-54至图1-78所示。

图1-54 路徽

图1-55 配属

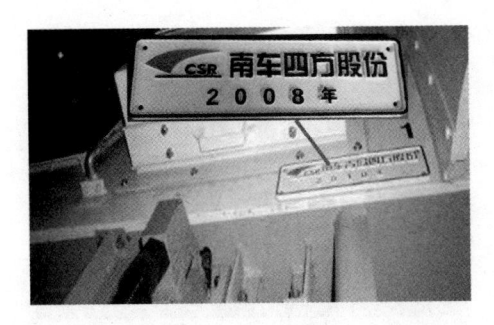

图1-56　铭牌

图1-57　高压危险禁止攀登标志

图1-58　顶车位与吊装位标志
1—顶车位标志　2—吊装位标志

图1-59　定检标志

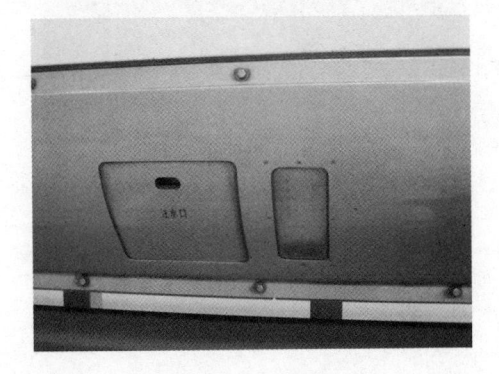

图1-60　注水口

▶ 动车组技术发展研究

图1-61 配电柜

图1-62 动车组运行区间显示屏

图1-63 车内车厢号、到站显示、卫生间占用显示、紧急制动手柄及标示

注：从左至右为车内车厢号、到站显示、卫生间占用显示、紧急制动手柄及标志。

图1-64 座位号

图1-65 小心烫伤标志、灭火器和废物箱
1—小心烫伤标志 2—灭火器 3—废物箱

第一章　动车组基本知识

图1-66　乘务员室

图1-67　禁止吸烟标志

图1-68　紧急破窗锤

图1-69　紧急出口标志

图1-70　婴儿护理台标志

图1-71　纸巾、非饮用水、洗手液标志

图1-72　残障人士专用区域、盲文标志

图1-73　电源插座、紧急呼叫按钮

057

▶ 动车组技术发展研究

图1-74　大件行李搁放处标志

图1-75　紧急制动、危险请勿动标志

图1-76　小心夹手、禁止倚靠标志

图1-77　儿童购票标准标志

图1-78　司机室门上司乘重地勿入和禁止吸烟标志

第二章

中国动车组的型谱和配属

一、我国动车组型谱

1949年之前，由于封建社会的闭关锁国、近代西方列强与日本帝国主义的侵略，也由于国外技术封锁和国内发展时间较短，我国铁路列车发展一直处于落后状况。中华人民共和国成立以后，经过多年自力更生和艰苦奋斗，我国基本建立了完善的铁路系统工业体系，通过自主研发形成了较为完整的机车车辆产品系列。但是我国铁路运营与技术水平和国外发达国家相比较为落后，旅客列车运营速度缓慢，运能严重不足，"一票难求"现象十分突出。

1978年我国开始实行改革开放政策。随之带来的经济活跃使人们的出行需求增多，人们对旅行速度的要求也愈加提高，而当时旅客列车的最高运营速度都不超过120km/h，远远不能满足日益增长的出行需要。1990年原铁道部决定将广深线作为提速试点，围绕着广深线提速开展了关键技术的科研攻关和新型机车车辆的研发，获得了大功率柴油机、机车空心轴转向架、客车新型转向架、新型制动机、防滑器和制动盘形等一大批科研成果，满足了广深线提速的要求，并成为以后既有线大提速的主力车型。

从1997年4月1日开始，我国铁路共进行了六次大提速，如表2-1所示。

表2-1　中国铁路六次大提速

大提速	起始时间	主要内容
第一次	1997.04.01	京沪、京广、京哈三大铁路线批量上线"夕发朝至"列车以及快速客运列车
第二次	1998.10.01	京沪铁路、京广铁路、京哈铁路提速为160km/h；广深高铁正式启用200km/h的高铁；特快和"夕发朝至"的火车得到极大的增加
第三次	2000.10.21	加快建设形成陇海、兰新、浙赣高速、京九高速的"四纵两横"快速路网；全国铁路网络购票增加至400个大型站点，可以实现异地网上购票

续表

大提速	起始时间	主要内容
第四次	2001.10.21	对前三次提速进行延伸和完善，提速线路延展至1.3万km
第五次	2004.04.18	京沪、京广、京哈等铁路线增开"Z"字头直达特快列车；京沪铁路、京广铁路、京哈铁路少部分路段最大运行时速为200km；开行25 T型提速客车，最高时速160km
第六次	2007.4.18	中国铁路正式运营了140对国产高速动车组，其最高速度可达200~250 km/h。中国铁路由此迈入了一个崭新的、快速发展的高铁时代，并且以具有中国特色的方式开始谱写高速铁路发展的新篇章

前五次大提速完全依靠我国自主研发的机车车辆，使我国机车车辆的技术水平上了一个新台阶。与此同时，为满足各个铁路局对提速的不同需求，国内各大主机厂在提速技术的基础上陆续研发了一系列动车组产品，中原之星、长白山号、先锋号、春城号、天安号、庐山号、南昌号、北海号、北亚号、神舟号、蓝箭、罕露号、大白鲨、金轮号等国产动车组如雨后春笋一般冒出来。这些动车组在国内运营速度主要涵盖120~160km/h，属于中低速动车组。中低速动车组的初始运营探索积累了许多经验，为后续发展奠定了良好的基础。

第五次大提速后，以青岛四方机车车辆股份有限公司、长春轨道客车股份有限公司、唐山机车车辆有限公司、中车株洲电力机车有限公司等为代表的各大主机厂和核心零部件生产厂通过引进技术、消化吸收、再创新研发了最高运行时速达到200~250km的国产化动车组，开启了第六次大提速的序幕。第六次大提速以时速200~250km的国产化动车组开始正式运行为标志，中国铁路由此迈入了一个崭新的、快速发展的高铁时代。

第六次大提速前后，我国相继生产出CRH1、CRH2、CRH3、CRH5、CRH6、CRH380A、CRH380B、CRH380C、CRH380D等系列和谐号动车组。2012年，中国铁道科学研究院设计指导，中车下属单位承担设计与生产，中国标准动车组的开发工作启动。中国标准动车组拥有自己的技术和指标。在2017年6月25日，国家铁路局正式将中国标准动车组命名为"复兴号"。至2022年，复兴号动车组已经研制出CR400、CR300、CR200等系列二十多种型号，正在研制CR450

系列动车组。

我国动车组主要分为早期动车组、和谐号系列和复兴号系列三大类。

1.早期动车组

我国早期动车组主要有二十多种中低速型动车组，传动方式为电力与内燃驱动、动力分布有动力集中与分散，设计时速基本在120~200km。目前，早期动车组均已退役。

表2-2为我国早期动车组基本参数一览表。

（1）KDZ1型

图2-1中的KDZ1型电力动车组是我国第一辆交流电动车组，是根据原铁道部科学技术发展规划要求，为适应铁路中短途高速运行和客运能力的需要而研制的。由原长春客车厂于1988年9月完成组装下线。该动车组采用2M2T4辆编组，设计最高速度140km/h。遗憾的是，该动车组最终未实现商业运营，最终被送返制造厂内封存。

图2-1　KDZ1型电力动车组

第二章 中国动车组的型谱和配属

表2-2 我国早期动车组基本参数一览表

型号	制造年份	传动方式	动力分布	最高速度（运营/设计）(km/h)	牵引功率(kW)	研制厂商	生产数量（组）
电力动车组							
KDZ1	1988	交-直流电	动力分布式（2M2T）单元：2×（1M1T）	140/140	1200	原长春客车厂/株洲电力机车研究所	1
X2000新时速	1998	交-直-交流电	动力集中型（1M6T）	200/210	3260	瑞典ADTranz	1
春城号	1999	交-直流电	动力分布式（3M3T）单元：3×（1M1T）	120/200	2160	原长春客车厂	1
DDJ1大白鲨	1999	交-直流电	动力集中型（1M6T）	200/200	4000	原株洲电力机车厂/原唐山轨道客车厂/原四方机车车辆厂/原南京浦镇车辆厂	1
DJJ1蓝箭	2000—2001	交-直-交流电	动力集中型（单组1M6T/重联2M10T）	200/200	4800	原株洲电力机车厂/原长春客车厂	8
DJF1中原之星	2001	交-直-交流电	动力分布式（8M6T）单元：4×（2M1T）+2T	160/160	6400	原株洲电力机车厂/原四方机车车辆厂	1
先锋号	2001	交-直-交流电	动力分布式（4M2T）单元：2×（2M1T）	160/250	5300	原南京浦镇车辆厂	1

063

续表

型号	制造年份	传动方式	动力分布	最高速度（运营/设计）(km/h)	牵引功率(kW)	研制厂商	生产数量（组）
电力动车组							
DJJ2中华之星	2002	交-直-交流电	动力集中型（2M9T）	160/270	9600	原株洲电力机车厂/原大同电力机车厂/原长春客车厂/原四方机车车辆厂	1
长白山号	2004	交-直-交流电	动力分布式（6M3T）单元：3×（2M1T）	180/210	5300	原长春客车厂	2
内燃动车组							
东风型摩托列车组（NMI）	1958	液力传动	动力集中型（2M4T）	120/120	880	原四方机车车辆厂	1
NC3	1962	机械传动	动力分布式（2M2T）	128/128	735	匈牙利Ganz	8
天安号	1991—2005	液力传动	动力分布式（1M17）	120/160	390	原四方机车车辆厂	5
庐山号（双层）	1998—1999	交-直流电	动力分布式（2M2T）	120/160	864	原唐山轨道客车	2
NZJ1新曙光号	1999	交-直流电	动力集中型（2M10T）	160/180	4720	原戚墅堰机车车辆厂/原南京浦镇车辆厂	1

续表

型号	制造年份	传动方式	动力分布	最高速度（运营/设计）(km/h)	牵引功率（kW）	研制厂商	生产数量（组）
内燃动车组							
NYJ1 北海号 北亚号 晋龙号 庐山号 罕露号	1999—2001	内燃液力传动	动力集中型（2M4T~2M8T）	120/140	2000	原四方机车车辆厂	13
NZJ2 神州号	2000—2003	交-直流电	动力集中型（2M10T）	160/180	5080	原大连机车/原长春客车厂/原四方机车车辆厂	5
NZJ2 金轮号	2001—2003	交-直流电	动力集中型（2M4T~2M10T）	160/180	5080	原大连机车/原四方机车车辆厂	4
NYF1 天安号	2002	液力传动	动力分布式（2M）	120/120	1118	原四方机车车辆厂	1
普天号（PT）	2003	交-直流电	动力集中型（2M6T）	160/160	5820	原大连机车/原唐山机车车辆/原南京浦镇车辆厂	1
天驰号	2005	交-直-交流电	动力分布式（1M2T）	160/200	—	原四方机车车辆厂	1

续表

型号	制造年份	传动方式	动力分布	最高速度（运营/设计）(km/h)	牵引功率(kW)	研制厂商	生产数量（组）
内燃动车组
TSD09	2005	液力传动	动力分布式（4M1T）	160／160	2236	原唐山轨道客车厂	1
NDJ3和谐长城号	2008	交-直流电	动力集中型（2M7T）	160／160	4000	原戚墅堰机车车辆厂/原南京浦镇车辆厂	4

(2)新时速号

1996年11月,中国铁路广州局和瑞典ADTranz公司签署了租赁X2000的合同。这辆火车于1998年初抵达中国天津,与瑞典X2000相比,它的编组又多了一节,并被称为"新时速"。自通过中国铁科院北京环线试验后,新时速X2000列车(见图2-2)自1998年8月起,每日开行两对在广深城际运营。但当时列车维护检修的工作都交由在香港的瑞典工程师来完成,瑞典也未提供维修技术资料给我国。之后,广铁公司购买了X2000,获取了相关的电气维护技术数据,之后所有的维护工作都是中国公司负责;配件以进口为主,部分国产。2007年,随着和谐号动车组CRH1投入广深线上运行,广深公司对广深线的信号系统做出更新和升级后,X2000列车上的车载信号系统及设备已经不能适应线路上的新系统,加之X2000列车长期超负荷运行,故障率和维修成本也明显增加。2007年4月19日起,X2000列车停运。2012年5月27日,X2000列车被解编运回瑞典,瑞典国家铁路局对运回的X2000列车进行设备和技术更新后,于2013年8月重新投入瑞典铁路系统中使用。

图2-2 新时速号X2000摆式动车组

(3)春城号

1999年,长春客车厂与株洲电力机车、昆明铁路公司共同开发了KDZ1A型"春城"动车组(见图2-3),这是中国第一个正式投产的电动列车,在昆明世博会上运营。春城号的动力系统是以交-直流电驱动的,其最大时速可达

120km。完成调试后随即调往北京环形铁道试验基地（现中国国家铁道试验中心）进行各项性能试验，最高试验速度达到132km/h；同年4月11日，春城号动车组在北京环形铁道试验基地完成各项电气和动力学性能试验后，长春客车厂就地举行发布会，宣布研制成功，并将列车配属到昆明铁路局。

图2-3 KDZ1A型春城号电力动车组

（4）大白鲨号

1999年，由原株洲电力机车厂、原长春客车厂、原四方机车车辆厂、原唐山机车车辆厂、原南京浦镇车辆厂及株洲电力机车研究所等多家单位联合研制了DDJ1型大白鲨电力动车组（见图2-4），曾获评"九五"国家重点科技攻关计划优秀科技成果。该动车组属于实验性车型，仅试制一列并未投入批量生产。DDJ1型动车组为单端动力动力集中型列车组，采用交-直流电传动系统，最高运营速度为200km/h。

图2-4 大白鲨号DDJ1型动车组

（5）蓝箭号

图2-5中的DJJ1蓝箭电力动车组是株洲电力机车厂、长春汽车制造厂和株洲电力机车研究所共同开发的，共有8列。蓝箭动车组也是动力集中型动车组，采用交-直-交流电驱动，最高速度200km/h。2001年起广深铁路股份有限公司使用蓝箭担当广深快线运营列车，2008年起，因CRH1动车组投入广深线，蓝箭转配给成都铁路局使用。2012年11月，蓝箭正式退役。

图2-5 DJJ1型蓝箭电力动车组

(6) 中华之星

中华之星DJJ2型列车（见图2-6）的开发，由原国家发改委牵头，原铁路部门负责，中国北车公司、中国南车公司参与了研发工作。原铁路总公司联合各大机械制造企业、科研院所、高等院校联合研发，主要生产企业有株洲电力机车厂、大同机车厂、长春客车厂和青岛四方车辆厂等。

中华之星前身是运营在广深线上的DJJ1型蓝箭号动车组，由首尾两辆电动力车牵引，中间车为无动力车，是动力集中型动车组。本列车的最高时速为270公里，乘客定员726人。根据空气动力学原理设计双拱流线型车头。采用计算机网络控制技术、动力再生制动、电空制动的直通式数字制动机和交-直-交牵引传动系统，代表了较高的技术水平。2002年11月27日，在秦沈客运专线上，中华之星动车组创造了321.5km/h的当时中国铁路第一速。直到2008年4月24日，CRH2C型动车组在京津客运专线上进行高速测试时该纪录才被打破。

图2-6 DJJ2型中华之星电力动车组

(7) 中原之星

DJF1型中原之星电力动车组（见图2-7）为动力分散型动车组，为3M3T6辆编组，后期扩展至3M11T14辆编组，主要动力设备采用分散方式分别布置在各车车体底架下。该型动车组具备现代高速动车组的特点，如动车组的动拖车的比率，黏着条件好，不易发生空转；列车动力性能优越，功率储备大；控制系统优良，能确保列车运行平稳、车辆之间冲击小；牵引动力设备冗余性高，一台牵引设备故障对整列车影响小；机械传动装置小型化，车辆轴荷重及簧下重量轻，对轨道冲击小，噪声低；整列车编组灵活，可根据客流需求进行编组，并维持列车的整体动力性能不变。2001年9月21日，该动车组出厂后，担当京广铁路的郑州站与武昌站之间客运任务。2006年6月，中原之星正式退出运营，2007年6月转场至原南车四方机车车辆股份公司封存。2020年7月，中原之星的两节头车以及两节拖车永久收藏在中国铁道博物馆中，其余车厢在四方厂中解体。

图2-7　DJF1型中原之星电力动车组

（8）先锋号

DJF2型先锋号动车组（见图2-8）是中国国内首列交流传动动力分散型动车组，是"九五"计划期间重大科学技术专项。该动车组4M2T6辆编组，最高运营速度可达200km/h，每3节车厢组成一个动力控制单元，总定员424人。

2000年，先锋号动车组下线并通过了原铁道部的验收。

2001年5月出厂后在广深线进行性能试验，创下当时中国国内最高速度249.6km/h的纪录。

2002年9月10日，在秦沈客运专线进行的测试中，又创下最高速度292.8km/h的纪录。

2004年10月，先锋号动车组完成50万km运行考核试验后，搁置在北京环行铁路。

2006年末，原铁道部正式出资购买此列先锋号动车组。

2007年5月，先锋号动车组返回原南京浦镇车辆厂整修，并正式配属成都铁路局重庆北车辆段，担当成渝（成都—重庆北）城际特快运营任务。

2010年5月，改配贵阳车辆段，担当贵阳—独山和贵阳—都匀之间旅客运营任务。

2010年10月，先锋号动车组返回南京浦镇车辆厂大修，停用。

图2-8 DJF2型先锋号电力动车组

（9）长白山号

DJF3型长白山号电力动车组（见图2-9）是原长春客车厂自行研发的高速铁路动车组之一，属于动力分散型动车组，该动车组设计速度210km/h，每列6M3T9辆编组，2M1T组成一个动力控制单元，全列动车组有3个动力控制单元。动车组进行了轻量化设计，采用铝合金车体结构，车体外观借鉴了德国的ICE3系列高速电力动车组车体的优点。走行部转向架使用无摇枕，车体由空气弹簧支撑。

2003年，长白山号动车组下线出厂。

2004年9月，长白山号动车组在秦沈客运专线的动力学实验中跑出了254.5km/h的速度。

2007—2010年，长白山号动车组先后在沈大线、沈抚城际载客运营。

2010年2月因出现故障而停运。

图2-9　DJF3型长白山号电力动车组

（10）新曙光号

NZJ1型新曙光号（见图2-10）为内燃动力集中型动车组，是中国铁路的准高速内燃动车组车型之一。它由原戚墅堰机车车辆厂、原南京浦镇车辆厂及上海铁路局联合研制。动车组两端各由1台柴油机车牵引，中间车采用双层客车设计。设计中吸收了东风11型准高速内燃机车和25K型双层客车的成熟技术。动车组动力配置为2M9T或2M10T，最大运行速度为180km/h。两台机车由原戚墅堰厂设计制造，采用交-直流电传动，使用12缸12V280ZJ型柴油机，ZD106A型牵引电动机，三轴全悬挂转向架（轴式A1A–A1A）和流线型车体。

新曙光号动车组仅生产了一列。1999年10月，NZJ1内燃动车组在沪宁线进行测试时创下了194km/h当时的最高运行速度纪录。测试及鉴定结果显示NZJ1型内燃动车组能在160km/h的既有线上按180km/h运行。

1999年10月10日起，新曙光号动车组配属上海铁路局上海机务段，担当南京西—杭州、上海—南京间的客运任务。2007年4月，中国铁路第六次大提速前，列车改属哈尔滨铁路局三棵树车辆段。2016年，新曙光号封存在哈尔滨铁路局一面坡机务段，作为铁路局红色教育基地中的展品。

图2-10　NZJ1型新曙光号内燃动车组

（11）神州号

NZJ2型神州号动车组（见图2-11）是准高速内燃动车组，由原大连机车车辆厂、原长春客车厂与原四方机车车辆厂及北京铁路局联合研制，是NZJ1型新曙光号技术改进型，为动力集中型动车组。动车组首尾各有1台机车，中间配10辆拖车，形成2M10T12辆编组形式。

神州动车组共生产4列，在2000—2007年，在京津城际作为特快旅客列车运营。2007年，随着和谐号动车组投入运营及京津城际高速铁路的开通，神州号动车组分别转配到武汉铁路局和南宁铁路局，担当管内特快列车。2013年，神州号动车组全部退役。

图2-11　NZJ2型神州号双层内燃动车组

（12）金龙号

金轮号NZJ2内燃动车组（见图2-12）是在神州号基础上发展起来的，用于高海拔、大风沙地区，是专为兰州铁路局提供的动车组，也是首列驶入青海的内燃动车组。2001年由原大连机车车辆厂和原四方机车车辆厂研制，总计4列。动车采用交-直流电传动系统，国产16缸柴油发动机，单机额定功率为2740kW，动车组最高运营速度160km/h。金轮号内燃动车组有单层和双层两种结构的客车，其中，单层车编组为2M9T，首车和尾车为动力车，中间车为9节单层客车，共3列，在兰州—玉门之间运营。双层车编组为2M6T，首车和尾车为动力车，中间车为6辆双层客车，共1列，在兰州—西宁之间运营。2010年4月，金轮号内燃动车组的头车与尾车退出运营，于2014年初在白银西车间被拆解。其拖车车底被编入普速客车中，直到2019年7月才退出运营。2021年4月，双层车底在银川被拆解。

图2-12 金轮号内燃动车组

（13）庐山号

庐山号内燃双层动车组（见图2-13）是原唐山机车车辆厂为南昌铁路局研制开发的，也是我国自行研制开发的首列动车组。庐山号采用4辆编组即2M2T，交-直流电传动系统，最高运营速度为120km/h，动车组定员为540人。于1998年6月在南昌—九江间进行载客运营。庐山号采用进口康明斯QST 30系列柴油发动机，三相交直流传动方式，西门子直流传动与电气PLC控制。

动力转向架采用TW160D型单独驱动方式，非动力转向架采用209PK型转向架。动车组动力转向架为TW160D，非动力转向架为209HS。均为无摇枕结构，空气弹簧直接支承车体。转向架为Z字型牵引杆结构，并设纵向、横向和垂向减振器及抗蛇行减振装置。牵引电机安装在转向架构架上，形成架悬式结构，通过一级齿轮传动箱驱动轮对运动。

整车组外形为流线型设计、造型美观。车厢分上下两层，车厢可定制设计成不同风格，如上下层间的楼梯可为往返式或旋转式，设置酒吧或小卖部等。整列车设置空调装置，提高了旅客的旅行舒适度。

1999年2月，第一列庐山号动车组在南昌铁路局投入载客运营；2013年6月，其动力车在南昌西货场被拉出拆解。

图2-13 庐山号内燃双层动车组

（14）NYJ1型

NYJ1型内燃动车组（见图2-14）属于液力传动式、单层动车组。动车组编组为2M4T，可灵活编组，如拖车可以扩编，但会影响列车运营速度。动车组采用电控气动塞拉门、密封式玻璃窗、全密封折棚风挡、一体化玻璃钢厕所和卫生间。

不同铁路局对NYJ1型内燃动车组的编组提出了要求，如广西沿海地方铁路公司要求动车组为2M5T，并称为北海号，用于南宁—北海间运营。哈尔滨铁路局订购的NYJ1型为北亚号，南昌铁路局的NYJ1型为九江号，太原铁路局的NYJ1型晋龙号，内蒙古集通地方铁路公司的为罕露号，等等。

1999年2月14日，首列NYJ1型内燃动车组在南昌—景德镇间投入运营；同年

10月，哈尔滨铁路局购置的5组NYJ1型动车组开始投入运营；之后两年内，NYJ1型动车组在以上铁路局陆续上线运营。

2009—2012年，NYJ1型内燃动车组相继退出运营，其拖车车底被混编至普速铁路客车中继续使用。

图2-14 NYJ1型内燃动车组（北海号）

（15）天安号

天安号公务动车组（见图2-15）是原四方机车车辆厂在1991—1995年研制的动车组，是国内第一列液力传动动力分散内燃动车组。该动车组供有关人员及时赶赴铁路事故现场指挥处理事故，还用于国家和铁路系统领导现场巡视检查工作。通常以单节运行，也可加挂一节普通客车车底，形成1M1T编组形式。虽然只有一节车厢，但是该车内设施齐全，如会议室、4人包间、2人包间、单人包间、厨房、洗脸间、卫生间、乘务员室、储藏室、采暖锅炉室、配电间等。厨房中有冰箱、卫生间中设置了淋浴设施和电热开水炉，车上还设置有单元集中式空调、电视、广播和无线电话等设施，火灾报警装置、电暖器，客室内全部为软卧床铺。

1995年9月，天安号1001在北京局投入使用，1997年，天安号被原铁道部评为科学技术进步奖三等奖。目前，天安号1001动车组已被拆解。

图2-15　天安号公务用液力传动内燃动车组

（16）普天号

PT型普天号（见图2-16）是由原北车集团大连机车厂、原唐山客车厂和原南京浦镇厂联合研制的动力集中型摆式内燃动车组，动车组采用2M6T8辆编组，采用了国内少有的机电式主动倾摆系统、径向转向架等技术。动车装用12缸12V240ZJD-1型柴油发动机，机车额定功率为3250kW。采用微机网络控制，最高速度可达160km/h。2003年7月，普天号在唐山客车厂完成编组，下线。2004年初，普天号完成编组试验后，被封存在唐山客车厂。

图2-16　PT型普天号摆式动车组

(17) 天驰号

天驰号动车组（见图2-17）是原中国南车四方股份公司研制的动力分散型交流传动内燃动车组，1M2T3辆编组。设计最高速度200km/h，最高运营速度160km/h。交付沈阳铁路局做公务用车以及综合检测车。

图2-17 天驰号动车组

(18) 长城号

NDJ3型长城号动车组（见图2-18）为内燃电力传动动力集中动车组，为满足2008年北京奥运带来的游客出行需求，需要开行北京至八达岭间旅游列车，原铁道部订造了四组NDJ3型内燃动车组。2017年，北京局集团公司又订造了两组NDJ3内燃动车组。后又增购一列，所有NDJ3均配属北京铁路局怀柔北机务段南口车间。曾行走北京市郊铁路S2线（黄土店—延庆/沙城）和S5线，2019年12月退役。

图2-18 NDJ3型长城号内燃动车组

2.和谐号系列动车组

和谐号CRH动车组型号众多，现有的和谐号动车组主要分为6种系列：CRH1型、CRH2型、CRH3型、CRH5型、CRH6型和CRH380系列，涵盖了时速200~350km速度等级、短编组与长编组、座车与卧铺、高寒车和检测车等各种车型。主要生产厂家有青岛四方庞巴迪铁路运输设备有限公司（简称BST）、中车青岛四方机车车辆股份有限公司（简称四方股份）、中车唐山机车车辆有限公司（简称唐车公司）和中车长春轨道客车股份有限公司（简称长客股份）。BST为中车四方车辆有限公司与加拿大庞巴迪合作的中外合资企业。主要生产制造CRH1A、CRH1B、CRH1E、CRH1A-A以及CRH380D等型号动车组；四方股份公司主要生产制造CRH2A、CRH2B、CRH2C、CRH2E、CRH2G、CRH2J、CRH380A、CRH380AL、CRH380AJ、CRH380AM、CRH6A（部分）、CRH6F（部分）、CRH6A-A、CRH6F-A等型号动车组；唐车公司主要生产制造CRH3C等型号动车组，后期由长客股份公司和唐车公司联合研制CRH3A、CRH3A-A、CRH380B/BL型动车组；长客股份公司主要生产制造CRH5A、CRH5E、CRH5G、CRH5J、CRH380B/BL、CRH380CL、CRH380BG等型号动车组；南京浦镇车辆有限公司和中车广东轨道交通车辆有限公司生产部分CRH6A（部分）和CRH6F（部分）动车组。现有的CRH系列各型动车组的主要技术参数如表2-3所示。

（1）CRH1系列动车组

CRH1系列动车组主要有CRH1A、CRH1B、CRH1E以及CRH1A-A四种子型号动车组。CRH1型各动车组型谱如图2-19所示。

表2-3 CRH系列各型动车组的主要技术参数

序号	车型	列车总长（m）	编组形式	速度等级（km/h）	试验速度（km/h）	牵引功率（kW）	新轮/磨耗轮直径（mm）	车体材质	车体宽×高（mm）
1	CRH1A	213.5	5M3T	200~250	250	5500	915/835	不锈钢	3330×4040
2	CRH1B	4263	10M6T	200~250	275	11000	915/835	不锈钢	3330×4040
3	CRH1E	428.9	10M6T	250	275	11000	915/835	不锈钢	3330×4040
4	CRH1A-A	213.5	5M3T	250	275	5500	915/835	铝合金	3358×4160
5	CRH2A	201.4	4M4T	200~250	275	4560	860/790	铝合金	3380×3700
6	CRH2B	401.4	8M8T	200~250	275	9120	860/790	铝合金	3380×3700
7	CRH2E	401.4	8M8T	200~250	275	9120	860/790	铝合金	3380×3700
8	CRH2C	201.4	6M2T	300~350	385	7728	860/790	铝合金	3380×3700
9	CRH2G	201.4	4M4T	200~250	275	5480	860/790	铝合金	3300×3860
10	CRH2J	201.4	4M4T	200~250	275	4800	860/790	铝合金	3380×3700
11	CRH3A	209.75	4M4T	250	275	5500	920/830（动）920/860（拖）	铝合金	3300×3900
12	CRH3A-A	101.4	2M2T	200	220	2800	920/830	铝合金	3300×3900
13	CRH3C	200.67	4M4T	300~350	385	8800	920/830（动）920/860（拖）	铝合金	3257×3890
14	CRH5A	211.5	5M3T	200~250	275	5500	890/820	铝合金	3200×4270

续表

序号	车型	列车总长(m)	编组形式	速度等级(km/h)	试验速度(km/h)	牵引功率(kW)	新轮/磨耗轮直径(mm)	车体材质	车体宽×高(mm)
15	CRH5E	418.3	10M6T	250	275	11000	890/820	铝合金	3300×3900
16	CRH5G	211.5	5M3T	200~250	275	5500	890/820	铝合金	3200×4270
17	CRH5J	211.5	5M3T	200~250	275	5500	890/820	铝合金	3200×4270
18	CRH6A/6F	201.4	4M4T	160~200	220	5520	860/790	铝合金	3330×3860
19	CRH6A-A	101.4	2M2T	200	200	2760	860/790	铝合金	3330×3860
20	CRH6F-A	101.4	2M2T	160	200	2576	860/790	铝合金	3330×3700
21	CRH380A	203	6M2T	350	385	9120	860/790	铝合金	3380×3700
22	CRH380AL	403	14M2T	350	385	21560	860/790	铝合金	3380×3700
23	CRH380AJ	203	7M1T	350	385	11760	860/790	铝合金	3380×3700
24	CRH380AM	153.5	6M	350	385	8800	920/850	铝合金	2950×3650
25	CRH380B	200.67	4M4T	350	385	9200	920/830（动）920/860（拖）	铝合金	3257×3890
26	CRH380BL	399.27	8M8T	350	385	18400	920/830（动）920/860（拖）	铝合金	3257×3890
27	CRH380BG	200.67	4M4T	350	385	9200	920/830（动）920/860（拖）	铝合金	3257×3890
28	CRH380BJ-A	202.95	4M4T	350	385	9200	920/830（动）920/860（拖）	铝合金	3257×3890

续表

序号	车型	列车总长（m）	编组形式	速度等级（km/h）	试验速度（km/h）	牵引功率（kW）	新轮/磨耗轮直径（mm）	车体材质	车体宽×高（mm）
29	CRH380CL	400.47	8M8T	350	385	19200	920/830（动）920/860（拖）	铝合金	3257×3890
30	CRH380D	215.3	4M4T	350	385	10000	920/850	铝合金	3358×4160
31	CRH380AN	203	4M4T	310	385	10400	860/790	铝合金	3380×3700
32	CRH380BJ	202	6M2T	385	418	14760	920/830（动）920/860（拖）	铝合金	3257×3910

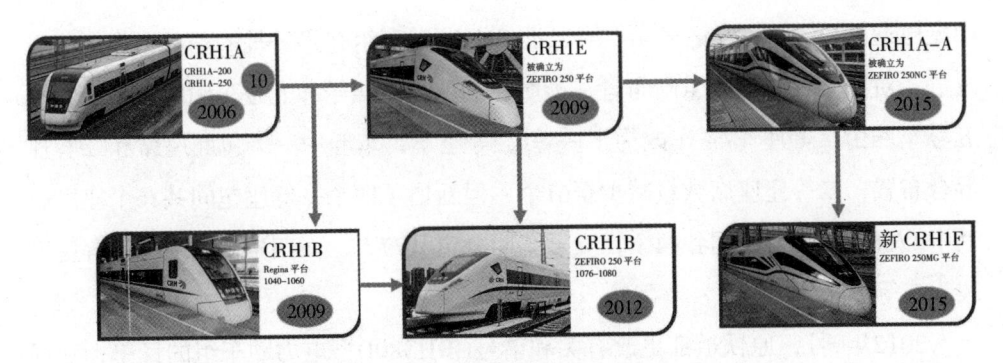

图2-19　CRH1型各动车组型谱

a.CRH1A

CRH1A型动车组原型车是庞巴迪运输公司为瑞典国家铁路局提供的ReginaC2008型。

2004年6月，为开展中国铁路第六次大提速，原铁道部组织了时速200km级别的第一轮高速动车组技术引进招标，向BST订购40列时速200km级别动车组，命名为CRH1A，动车编号为CRH1A-1001~CRH1A-1040。

CRH1A采用交流传动及动力分散式，列车编组方式是5M3T全列8辆编组，其中包括2节一等座车、5节二等座车和1节二等座车/餐车合造车。标称速度为200km/h，持续运营速度为220km/h，最大运营速度为250km/h。

动车组转向架轴重16t左右，牵引总功率5300kW，车体为不锈钢焊接结构。在2号和7号车厢车顶，有受电弓、避雷器、互感器和高压隔离开关等车顶高压设备。

动车组正常运行时，采用后面一台受电弓，另一台受电弓处于备用状态。动车组头尾车的车端连接装置是德国夏芬伯格公司生产的10号全自动车钩，车钩可以实现机械、电气和压缩空气三者的联挂，车钩连接面下方设置有一个车钩引导杆，两动车组在曲线上重联时，可以起引导作用。

CRH1A动车组的中间车采用半自动车钩联接，只能实现机械和电气的联通。列车网络控制系统采用TCN分布式智能网络系统，通过网络对列车及各设备实施控制、监视和诊断。

2010年7月，原铁道部向BST追加订购40列CRH1A动车组（动车编号：CRH1A-1081~CRH1A-1120），订单总值7.61亿美元，折合约52亿元人民币，其中庞巴迪的份额为3.73亿美元。第二批CRH1A动车组在第一批的基础上作了少量改进，对部分列车设备重新布置，最明显的差异是四号和五号车厢的座席布置。五号车厢由二等座车/餐车改为了一等/二等座车，车厢中一等包厢座席和二等座混合布置，二等座座席数量减少至61个，但新增了四个一等座包间共16个座席，其中2人包间和6人包间各两个，五号车厢总定员77人。而四号车厢则由二等座车改为二等座车/餐车。

2012年9月，原铁道部更改有关和谐号CRH380D型电力动车组的订单，在新订单中，铁道部将订购46列CRH1A及60列新一代CRH1动车组。新一代CRH1动车组主要改进点有，将原CRH1A动车组使用的不锈钢车体改为铝合金车体以减轻重量，增强了牵引系统性能，对列车气密性进行了优化设计，以及减少动车组运营过程中能源消耗。

CRH1A动车组车体外观与地铁列车相似，而其原形车在国外都是以两节或三节短编组运行，所以中国国内铁路迷普遍将CRH1型动车组称为"大地铁"。CRH1A型动车组及内部设备如图2-20、图2-21所示。

图2-20　CRH1A型动车组

(a)一等座　　　　　　　　　　(b)二等座

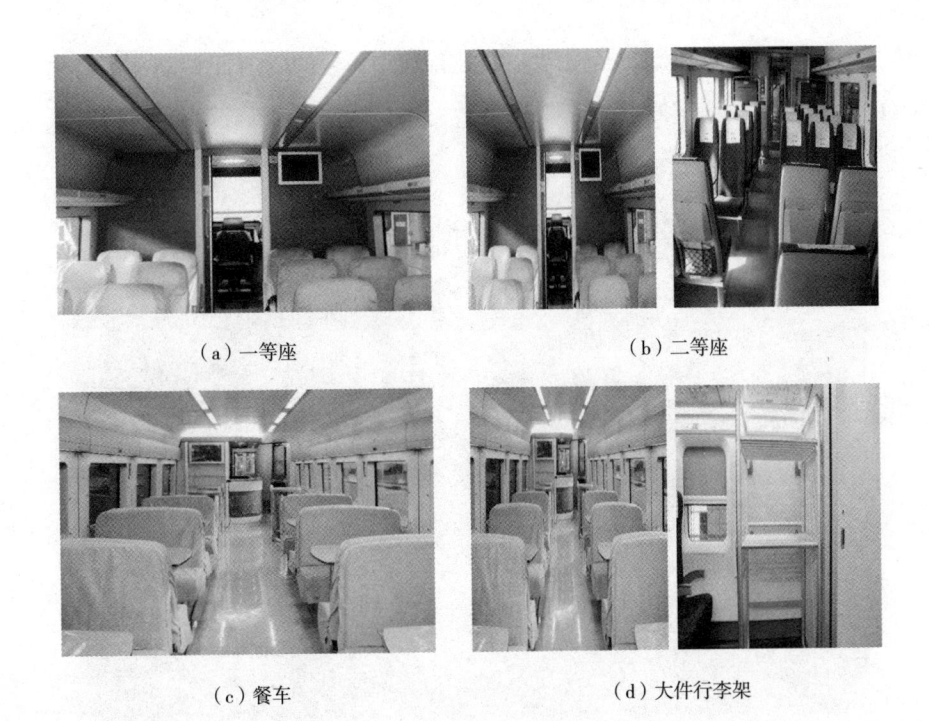

(c)餐车　　　　　　　　　　(d)大件行李架

图2-21　CRH1A型动车组内部设备

b.CRH1B

CRH1B型动车组（见图2-22）为16节长编组动车组，包括10节动车及6节拖车（10M6T），最大运营速度为250km/h。2007年10月，青岛四方庞巴迪铁路运输设备有限公司获得原铁道部20列CRH1B型动车组订单。2009年3月，第一列CRH1B型动车组相继在生产厂家公司和北京环形铁道试验场完成测试。2009年4月起，CRH1B动车组配属上海铁路局，担当上海—南京和上海南—杭州之间的运营任务。2010年4月起，第一批20列CRH1B动车组全部投入运营，其内部设备部分如图2-23所示。2011年7月23日，7·23甬温线特别重大铁路交通事故中，由CRH2-139E担当的D301次列车追尾了由CRH1-046B担当的D3115次列车。CRH1-046B动车组的13车至16车脱轨，CRH2-139E动车组1车至4车脱轨坠落桥下，5车悬空。事后，CRH2-139E的1车至5车报废，11车至16车后被中国铁路总公司改造为综合检测列车，编号为CRH2J-0205，其余车厢被拆解；CRH1B-046的13车至16车报废，1车至12车被中国铁路总公司改造为训练列车。2012年10月，按原铁道部要求，将CRH1E型动车组卧铺动车组订单中的第16列至第20列动车组，变更为带CRH1E动车组头型和ZEFIRO250平台的CRH1B型动车组，由此，CRH1B动车组总数增至25列。

图2-22 CRH1B型动车组

(a) 一等座

(b) 二等座

(c) 卫生间

(d) 车门

图2-23 CRH1B型动车组内部设备

c.CRH1E

CRH1E型动车组（见图2-24）同样为16节长编组卧铺动车组，包括10节动车及6节拖车（10M6T），最大运营速度为250km/h。CRH1E型卧车动车组可以满足大运量、长距离铁路客运的要求。夕发朝至，直达目的地城市中心，具有其他交通工具无法比拟的便利优势，开创了出行的新模式。

2009年10月，首列CRH1E型动车组在青岛四方庞巴迪公司出厂，并配属至上海铁路局。2009年11月，CRH1E开始上线运营，担当北京—上海之间的运营任务。

2015年8月，首列由CRH1A-A型动车组技术平台衍生而来的卧铺动车组——新CRH1E型动车组（见图2-25）下线，动车组经轻量化设计，由不锈钢车体改成了铝合金车体。

2016年1月，新CRH1E型动车组正式上线运营。新CRH1E型动车组的卧铺车可以实现以座代卧。客流量较大时，将上铺床板翻起，拉出下铺床位侧墙上背靠软垫的扶手，卧铺车可以转换成软座车。新CRH1E型动车组的席位示意图及卧铺车厢实景见图2-26和图2-27。

图2-24 CRH1E型动车组

图2-25 CRH1E（新）型动车组

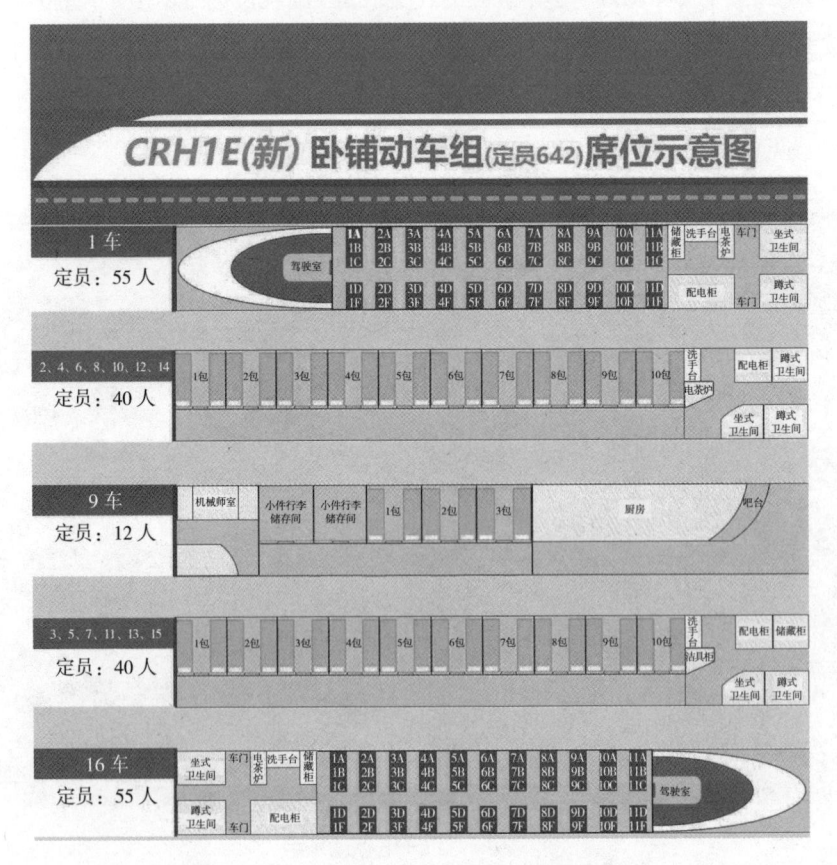

图2-26 CRH1E（新）卧铺动车组席位示意图

图2-27 CRH1E（新）动车组卧铺车厢

d.CRH1A-A

在ZEFIRO高速列车平台设计上，庞巴迪公司研发了新型动车组——CRH1A-A动车组（见图2-28），该动车组仍然为5M3T8辆编组形式，最高运行速度250km/h，由青岛四方庞巴迪铁路运输设备有限公司生产。

CRH1A-A动车组采用更为流线型的头型设计，同时由原来CRH1A动车组的不锈钢车体改为铝合金车体，改善了车体气密性，同时优化了转向架悬挂结构和性能，提高了稳定及舒适性。同时，每节车厢每侧由原来一个车门增加到两个车门，解决了单侧单车门结构导致旅客上下车不方便的问题。其车内设施可见图2-29。

2015年1月至8月，CRH1A-A动车组分别在秦沈客运专线和沪昆高铁上进行动力学试验。2016年2月，CRH1A-A型动车组在广珠城际铁路正式载客运行。

图2-28 CRH1A-A型动车组

(a)一等座 　　　　　　　　(b)二等座

(c)司机室 　　　　　　　　(d)通过台

图2-29　CRH1A-A动车组车内设备

（2）CRH2系列动车组

CRH2系列动车组的原型车是日本川崎重工制造的E2-1000型新干线列车与700系新干线列车，其外形与E2-1000列车基本一致，其核心技术继承了700系列车的优点。

CRH2系列动车组构造速度为200～350km/h，现行保有量最多，车系型谱涵盖检测、耐寒、抗沙、座卧等各种功能车型，运营范围最广泛，是国内动车组的主力军，高速动车组、城际动车组和高速综合检测列车等都能看到其身影，后续很多国产高速动车组和中国标准动车组也以它为基础技术平台研制。

目前，CRH2系列动车组型号比较齐全，具体型谱如图2-30所示，从速度上说，有速度等级200~350km/h全系列动车组；从功能上说，有普通座车、动卧、耐寒、抗沙和检测用动车组。主要有车型有CRH2A、CRH2B、CRH2C、CRH2E、CRH2G和CHR2J等。

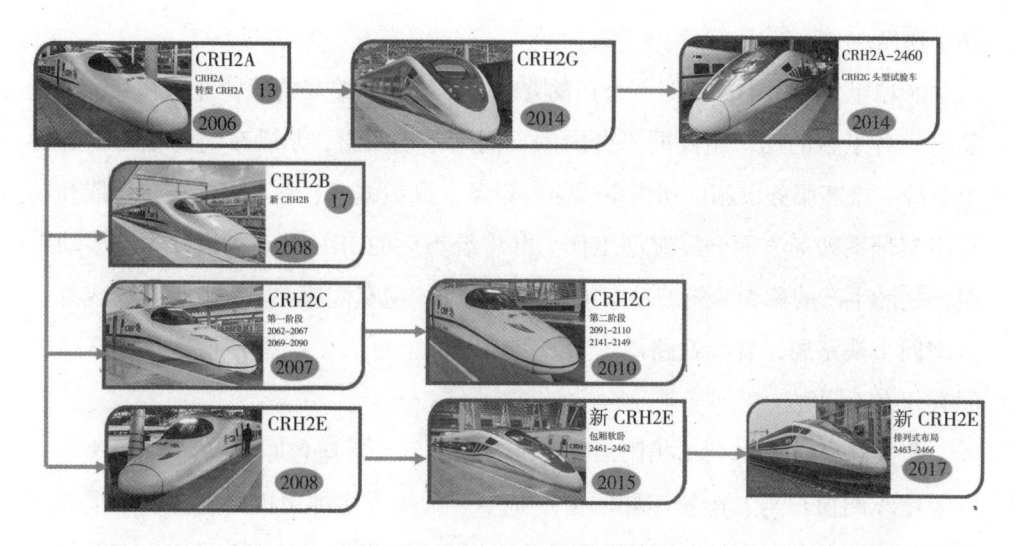

图2-30　CRH2型动车组型谱

a.CRH2A

在我国首批时速200km级别的动车组中，CRH2A是最先全部下线的车型，该型动车组采取4M4T8辆编组，牵引功率为4800kW，分为两个动力控制单元，最高营运速度为250km/h，最高试验速度292km/h，可两组重联运行。CRH2A型动车组列车设有一等座车、二等座车和二等座车/餐车，座椅均可旋转，提高了乘坐的舒适性。动车组外型与车内设置见图2-31和图2-32。

2006年7月，首组国产化CRH2A型动车组在原南车四方机车车辆股份有限公司完工交验，并开始进行批量生产。2007年11月底，首批60列CRH2A动车组全数交付，并获2007年度全国铁路科学技术奖一等奖。

2007年1月，首10组CRH2A型动车组正式开始在沪杭线上海至杭州之间、沪宁线上海至南京之间投入载客试运营，动车组最高运营速度被限制在160km/h之内。2007年4月18日，第六次大提速实施后，恢复最高运营速度至250km/h。

2010年9月，武汉铁路局与原南车青岛四方机车车辆股份有限公司签订了40列CRH2A型动车组需求合同，总值约34亿元人民币。这批次CRH2A动车组在第一批的编组基础上作了少量技术改动，如保留了一节一等座车，将3号车厢改为一等/二等座车，采用一等包厢座席和二等座混合布置形式，二等座座席的数量也减少至43个。但新增了三个一等座包间，其中一个4人包间和两个6人包间，共

16个座席。

2013年，根据中国铁路总公司的要求，结合各铁路局的运营经验和乘客乘坐需求，各平台的动车组及同平台内的不同型号动车组，从动车组的核心零部件及系统、旅客服务设施、司机室操纵台设备、操纵方式、动车组的主要性能和动车组型号系列等方面开展统型工作。并将统型后的CRH2A动车组称为统型动车组，之前生产的称为非统型动车组。所有的非统型车配属在武汉、上海、成都、济南四个铁路局，其余铁路局均为统型CRH2A。那么，统型与非统型CRH2A之间有什么不同呢？

与大部分CRH2A列车相比，统型CRH2A取消一等座包厢。1车为一等座车，一等座车厢窗户与二等座车厢的窗户统一。两头车增加司机逃生窗，车顶部的天线取消，取消两头车司机专用车门（侧门），将驾驶室的门改设于在车厢的通道口处，采用带磨砂的玻璃门。司机操纵台上设司机警惕装置，司机座位由原来靠左的位置改到正中央位置。采用300km速度级转向架进行统型适应性改进，增加停放制动，实时温度监测，头车增加接地保护装置。每节车厢均设卫生间，卫生系统采用集中控制的中转式真空集便装置。空调系统采用新一代空调机组，采用双风机方案和端部新风装置，换气装置新风量提升，增加应急通风装置。1、8车司机室端部通过台设置翻板凳型式乘务员座椅。设置残疾人卫生间及残疾人区域，部分车厢设无障碍座位。侧门采用电控气动压紧型式的内置式塞拉门，提升隔热、隔音性能。

图2-31 CRH2A动车组

(a)一等座 　　　　　　　　　　　　　(b)二等座

(c)餐吧 　　　　　　　　　　　　　(d)残疾人卫生间

图2-32　CRH2A动车组车内设备

b.CRH2B

CRH2B在CRH2A基础上扩充至16节编组，8M8T。该动车组设有3节一等座车、12节二等座车和1节餐车，其中一等座及二等座座椅均可旋转，全列车定员增加至1230人。动车组车顶安装有四台DSA250型受电弓。每4节车厢组成一个动力单元，全列车共4个动力单元，牵引功率为9600kW，最高营运速度为250km/h，最高试验速度为275km/h。相对CRH2A动车组，在车端加装了半主动减震器、车端耦合减振器、头车两侧车灯，也改进了空调的通风系统，车厢内加装了影视系统，取消了重联控制系统，因此无法两车重联运行。

2008年6月，首列CRH2B在原南车青岛四方公司下线，同年8月起正式投入合宁铁路运营，按最高运行时速200km运行。首批10组CRH2B全部配属上海铁路局。2017年6月，第二批17组CRH2B全部配属武汉铁路局。图2-33和图2-34分别为2A头型和2C头型的CRH2B动车组。

图2-33　CRH2B动车组（2A头型）

图2-34　CRH2B动车组（2C头型）

c.CRH2C

CRH2C是中国的首款时速350km级别高速动车组，见图2-35。2005年，青岛四方机车车辆股份有限公司获得60列CRH2C型动车组生产订单，其中包括30列CRH2C第一阶段和30列CRH2C第二阶段动车组列车。

CRH2C第一阶段动车组在CRH2A的平台基础上进行修改，动车组中的动车数量增至6辆，形成6M2T编组形式，牵引功率为7200kW，持续运营速度为330km/h，最高营运速度为350km/h，最高实验速度392km/h。动车组可重联运行。车体采用大型中空薄壁铝合金焊接结构。使用两台DSA350型高速受电弓，为了减少风阻，保护受电弓，在受电弓左右两旁加装了挡板。该动车组运用于高速城际铁路及客运专线。

图2-35 CRH2C型动车组

2007年12月，第一列CRH2C动车组出厂。从2008年初到当年6月底，四方股份和中国铁道科学研究院对该动车组进行了为期7个月的试验测试和试运营考验，相继完成了北京铁道环行线、秦沈线及京津城际线的各项性能试验、型式试验、线路试验。试验期间共完成了牵引性能、动力学性能、弓网受流、空气动力学等十七大类约二百余项试验。

2008年4月，CRH2C动车组在京津城际铁路上进行性能测试时，其最高速度达到了392km/h。2010年1月，该动车组在郑西高铁测试速度达393km/h。同年8月，CRH2C型动车组正式在京津城际铁路上运营。

在第一阶段的基础上进行重新研发形成的CRH2C第二阶段动车组，多方面的性能得到了改善。如牵引电动机的功率加大至365kW，8节短编组列车总功率提升至8760kW；齿轮箱传动比也进行了优化；动车组持续运营速度提高至350km/h，最高运营速度为380km/h，最高试验速度达410km/h。借鉴了CRH3动车组车体的优点，CRH2C第二阶段动车组的车体采用铝合金结构和隔音减震降噪技术，改善了高速运行时车体共振和气动变形问题。对转向架的减振和二系悬挂进行改进，在转向架两侧各加装了一个抗蛇行减振器，以解决纵向和横向振动问题。

另外，第二阶段动车组还进行了降阻优化设计，例如，将车头结构进行了优化、受电弓的两侧挡板改为立体围护整流罩、减少头车车顶的信号天线等。

2010年2月，CRH2C第二阶段动车组开始在郑西高铁投入运营。

2009年，为了尽快获得CRH380A型动车组的空气动力效能和实车试验数据，CRH2C第二阶段最后一列动车组改装为CRH380A试验样车，2010年1月，改装完毕。同年4月，具有新头型的CRH2-380型动车组在青岛下线，车身上只标示"试验车CRH380A"。2010年5月至10月，动车组安装各种试验设备后，开始在郑西客运专线和武广客运专线进行各项调试试验。同年11月，CRH2C-2150动车组正式配属上海铁路局，作为综合检测动车组，见图2-36。

图2-36　CRH2C-2150综合检测车

d.CRH2E

为适应中国铁路列车远距离运行的需求，青岛四方机车车辆股份有限公司在CRH2A型动车组、CRH2B型动车组基础上，组织技术力量，研发了16编组卧铺

CRH2E型动车组（见图2-37）。动车组正常运营速度为200km/h，最高运营速度为250km/h。2007年9月，CRH2E动车组下线；2008年12月，正式投入运营，承担北京—上海和北京—杭州的旅客运营任务。CRH2E动车组列车有13节软卧车、2节二等座车和1节餐车。每辆软卧车有10个包厢，共40个铺位，每个铺位均装有附耳机的液晶电视，并设置了即时联系乘务员的旅客呼唤系统。餐车内设有休闲酒吧和液晶电视机。另外，每个车厢座位均安装了AC220V家用电源插座。

2015年8月，采用全新头型的CRH2E卧铺动车组下线（见图2-38），并于12月在京沪线上正式投入运营，担当从北京南站驶出开往上海的运营任务。新CRH2E动车组采用了与CRH2G高寒动车组相似的头型，以"骏马"为灵感来源，刚柔并济，线条流畅，凸显速度感与力量感，涂装上也进行了创新，并将CRH2系列动车组原有的内藏门改成了塞拉门。

2017年3月，CRH2E新型纵向卧铺动车组在青岛下线。该型动车组两头车没有设二等座车，除餐车外，均为软卧车厢，创新性地采用了纵向卧铺设计，大幅度增加了载客量，降低了运营成本。2017年7月，CRH2E新型纵向卧铺动车组D311次列车在北京南站实现首发。

图2-39展示了其卧铺车厢内设情况。

图2-37　CRH2E型动车组（2A头型）

▶ 动车组技术发展研究

图2-38 新CRH2E型动车组

（a）软卧包厢 　　　　　　　　　（b）纵向卧铺走廊

（c）软卧包厢 　　　　　　　　　（d）纵向卧铺床铺

图2-39 CRH2E型动车组卧铺车厢

e.CRH2G

CRH2G型高寒型动车组是在CRH2A的基础上改进的，速度为250km/h，采用4M4T8辆编组，车头的设计灵感取自"骏马"。CRH2G型高寒动车组综合考虑分析并研判了严寒、风沙、高温、高海拔、防紫外线老化等技术问题对动车组性能的影响，克服了高寒、风沙、高海拔等恶劣运营环境带来的影响，该动车组能在高风沙的中国北方−40~40℃极端气候环境下正常运营。图2-40为行驶中的GRH2G动车组，图2-41为GRH2G动车组的一等座。

100

图2-40　运行中的CRH2G型动车组

图2-41　CRH2G型动车组一等座

(3) CRH3系列动车组

CRH3系列动车组是德国西门子公司和唐山轨道客车有限责任公司合作开发的高速动车组，主要运营于高速城际铁路及客运专线。该系列动车组车型只有CRH3A、CRH3A-A、CRH3C三种，其中，CRH3A与CRH3A-A型动车组由唐山轨道客车有限责任公司和长春客车厂共同生产，其具体型谱情况见图2-42。

图2-42　CRH3型动车组型谱

▶ 动车组技术发展研究

a.CRH3C

CRH3C动车组（见图2-43）采用电力牵引交流传动方式，为4M4T8辆编组，由两个牵引控制单元组成，每个牵引控制单元2动2拖。其载客速度为350km/h，最高运营速度为393.2km/h。CRH3C动车组技术非常先进，是当时运行速度最高的动车组。动车组车体采用大型中空挤压铝型材焊接而成，强度高，车辆运用寿命可达二十年以上；采用具有优良运行品质的SF500型转向架；列车运行控制系统采用基于GSM-R标准ETCS2级。列车通信网络分两级，分别由WTB和MVB组成，智能化化水平较高，牵引控制技术成熟，车辆的密封性好，列车高速会车及通过隧道时，车外压力波对车内造成的影响小。CRH3C动车组可以重联运行，也可以自动解编。图2-44为CRH3C动车组的车内设备。

2008年4月，首列CRH3C动车组下线，并进行试验，同年8月正式在京津城际开通运营。CRH3C动车组当时以世界第一运营速度350km/h运营，为中国铁路高速发展奠定了基础。其大运量、高密度、公交化运营模式，促进了京津城市间"半小时经济圈"的形成，加快了京津两地同城化、经济一体化进程。

图2-43 CRH3C型动车组

(a) 司机室　　　　　　　　　　(b) 商务座

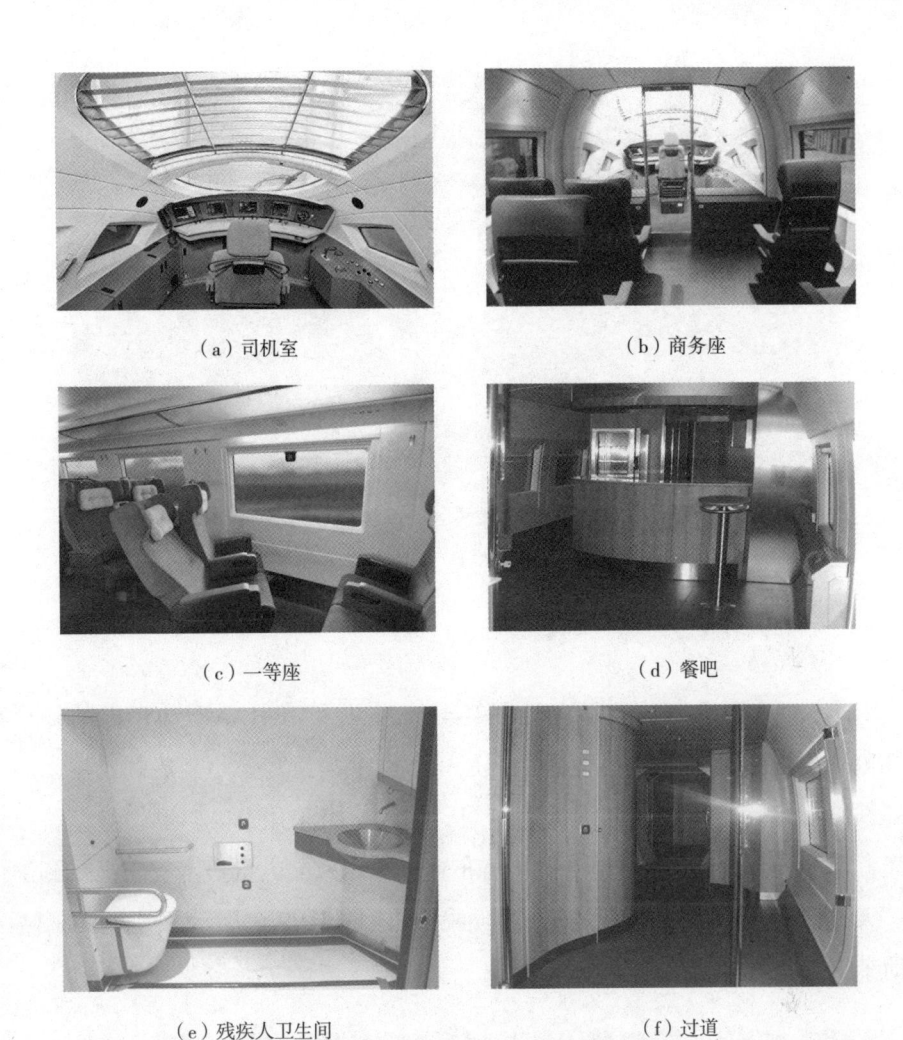

(c) 一等座　　　　　　　　　　(d) 餐吧

(e) 残疾人卫生间　　　　　　　(f) 过道

图2-44　CRH3C型动车组车内设备

b.CRH3A

CRH3A型电力动车组（见图2-45）以CRH3C型动车组和CJ1型动车组为技术基础，由中车长春轨道客车股份有限公司生产设计。2016年，CRH3A动车组获得生产许可证，该车型主要是在速度为160～250km/h的客运专线及城际铁路上运营。2017年12月，CRH3A动车组随着西成客运专线开通而正式运营。CRH3A型动车组的整机功率较小，不能满足坡度为20‰~25‰的西成客运专线使用要求，其后已陆续转配至成渝客运专线、成遂渝铁路、渝贵铁路、贵广客运专线承担运营任务。

图2-45 CRH3A型动车组

c.CRH3A-A

CRH3A-A型电力动车组（见图2-46）使用了CRH3A型动车组的外形和CR300BF型电力动车组的试验涂装，是一款由中车长客公司制造的，用来满足市郊铁路和城际铁路客运需求的动车组，该动车组采用2M2T4辆编组，科技感较强，车厢内部为蓝色基调，2+2座椅布置，车厢内配大量显示屏，显示到站信息、天气情况。采用双开塞拉门，方便乘客乘降。图2-47展示了一些CRH3A-A型动车组的车厢内设备。

图2-46 CRH3A-A型动车组

（a）车厢　　　　　　　　　　　　（b）双开塞拉门

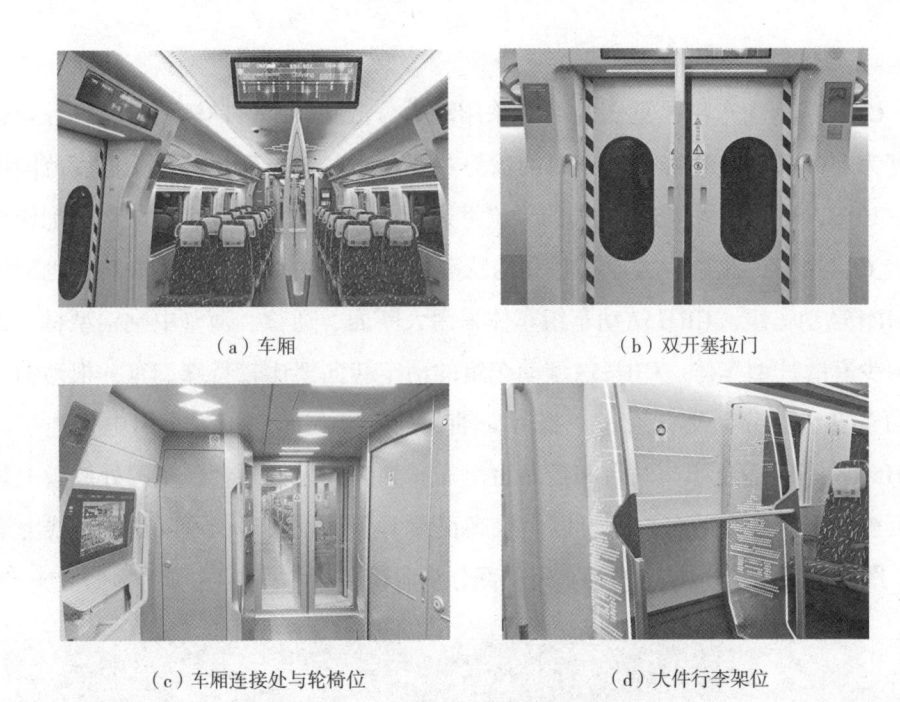

（c）车厢连接处与轮椅位　　　　　　（d）大件行李架位

图2-47　CRH3A-A动车组车内设备

（4）CRH5系列动车组

CRH5系列电力动车组是法国阿尔斯通和原北车集团长春轨道客车股份有限公司合作开发的一款动车组，整个系列车型都比较耐高寒，其中CRH5G型最为突出。相对其他技术平台动车组，CRH5动车组的转向架和动力传动系统结构相对独特。该车型主要用于速度250km/h以下需要耐寒、防风、防沙的环境，有CRH5A、CRH5G、CRH5E和CRH5J四种车型，具体型谱见图2-48。

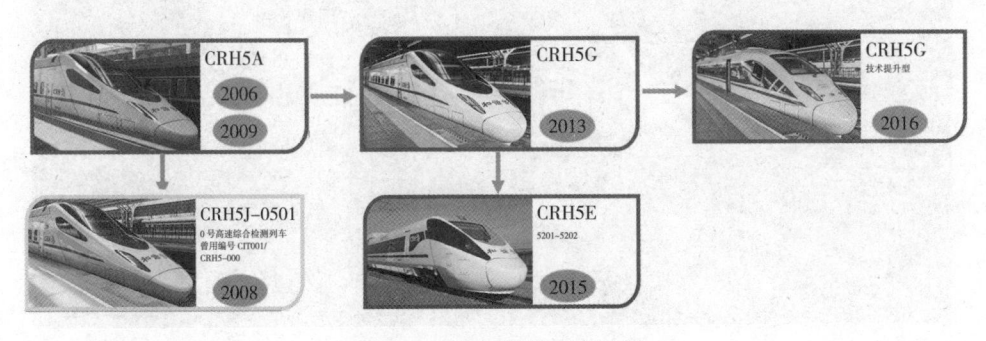

图2-48　CRH5型动车组型谱

▶ 动车组技术发展研究

a.CRH5A

CRH5A型动车组（见图2-49）采用动力分散式，5M3T8辆编组，设计营运速度为250km/h。CRH5型动车组的优势主要在耐寒性方面，其承受温度范围可达±40℃，可在最大风速15m/s的天气下运行。因此，该动车组被大部分配属至哈尔滨、沈阳、北京、太原、呼和浩特等中国北方铁路局，武汉铁路局也配属了CRH5A动车组。CRH5A动车组车体采用大断面、通长、薄壁中空铝型材，为我国少有的鼓型车体。CRH5A型动车组的动车转向架比较特殊，有一根动轴，动轴上安装了分动箱，通过一根万向轴，与安装在车底部的牵引电机连接。CRH5A动车组适合于高站台和低站台停靠。如果停靠低站台，车门处底板上翻板会被掀起，隐藏的台阶就可以供旅客正常上下车。该车也可以在既有线上运营。图2-50展示了CRH5A型动车组的部分车内设备。

图2-49 CRH5A型动车组

106

（a）一等座

（b）二等座

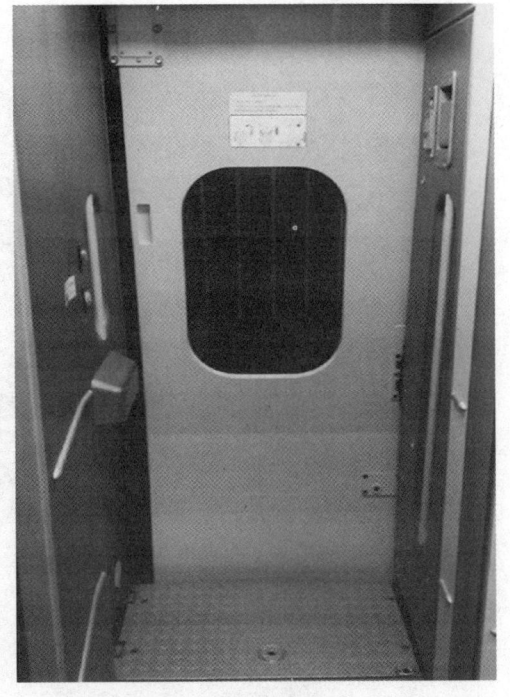

（c）车门

图2-50　CRH5A型动车组车内设备

b.CRH5G

CRH5G高寒型电力动车组（见图2-51）是在CRH5A基础上发展而来的，号称"高寒战士"，耐寒能力比CRH5A更强。

CRH5G高寒型电力动车组同样为5M3T8辆编组，最高运营速度250km/h。

CRH5G动车组除了可在零下40℃严寒下正常运营外，还具有抵抗风沙、雨雪、雾、紫外线等恶劣天气的能力。

动车组在车厢预留了Wi-Fi功能接口。CRH5G动车组安装了超两千个故障诊断传感器，具有自我诊断功能，能对动车组的主要系统或零部件的工作状态进行实时监控，实现自监测、自诊断、自决策，保证动车组安全可靠运营。

图2-52是CRH5G型动车组餐吧实景。

图2-51　CRH5G型动车组

图2-52　CRH5G型动车组餐吧

c.CRH5E

与CRH2E动车组相似，CRH5E（见图2-53）为16辆编组卧铺动车组，由两辆二等座车，13辆软卧车和1辆餐车构成，设计速度250km/h，同样具有耐寒抗、风沙性能。CRH5E具备座卧两用功能，其上铺可以翻起，下铺可实现座卧功能转换，并设有靠背、扶手、杯托以提高乘坐舒适性。白天运行时，卧铺车厢的一张下铺将按三个二等座出售。图2-54展示了CRH5E动车组的部分车内设备。

第二章 中国动车组的型谱和配属

图2-53 CRH5E型长编卧铺动车组

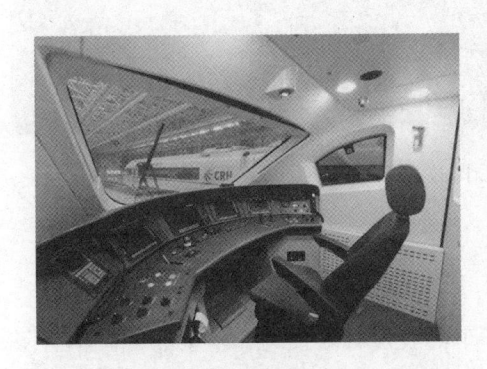

(a) 驾驶室 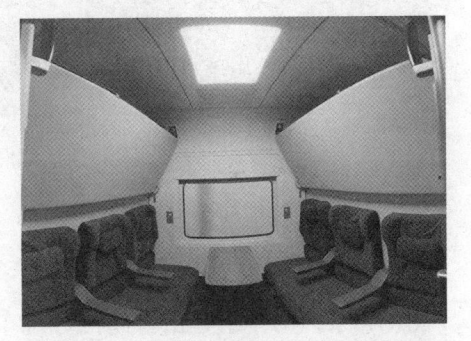　　(b) 卧铺车厢

(c) 餐吧 　　(d) 车厢连接处

图2-54 CRH5E型动车组车内设备

d.CRH5J

CRH5J型动车组（见图2-55）为综合高速检测列车，现只有一列，车号0501，俗称"黄医生"。

图2-55 CRH5J型动车组

（5）CRH6系列动车组

CRH6系列动车组是由青岛四方机车车辆股份有限公司和南京浦镇车辆有限公司共同研制开发的动车组，构造速度为140~200km/h，具有多种编组形式。技术方面由四方股份总负责，由浦镇公司和四方公司联合设计，并分别在两公司及两公司的控股公司——中车广东轨道交通车辆有限公司生产，主要技术基于四方股份CRH2系列动车组平台。从2012年CRH6A动车组下线至今，该系列动车组配置均在不断更新，以适合不同城际铁路的需要，如动车组外观涂装、车门的形式及数量、卫生间的配置等。目前，该型动车组主要在长株潭、珠三角、河南、宁波、成都、绍兴、海口、连云港、阳泉、北京、上海和台州等十多个城际铁路使用，主要车型有CRH6A、CRH6A-A、CRH6F、CRH6F-A四种，具体型谱见图2-56。

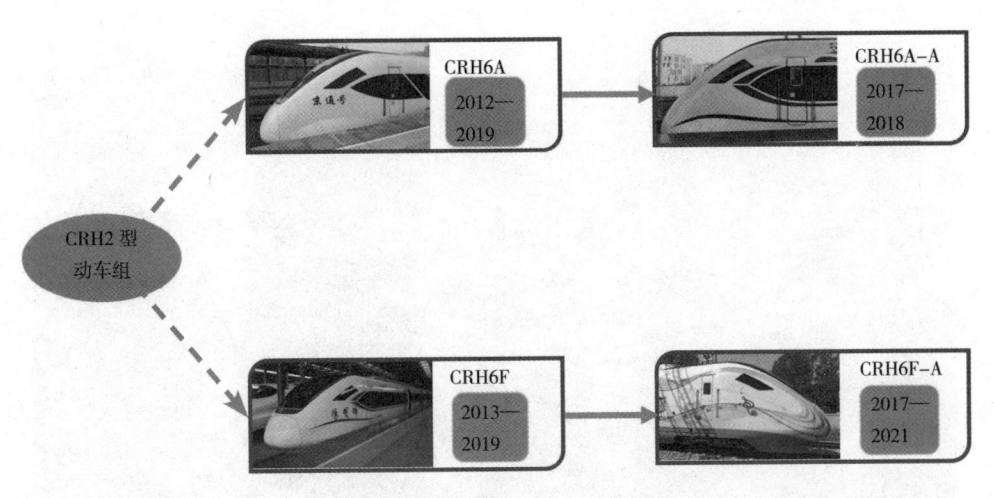

图2-56　CRH6型动车组型谱

a.CRH6A

CRH6A型动车组（见图2-57）为动力分散型交-直-交传动动车组，采用4M4T8辆编组，编组长度201.4m，最高运营速度为200km/h，试验速度为220km/h。

CRH6A车型定员载客量557人（座席），超员载客量1479人。车厢中设有站立扶手，座位采用2+2布置、可调节座椅，局部设茶桌，端部设可翻转座椅，非端部的车厢座椅全部面向车厢中心的编排。另外1、3、5、7单数号车厢设置卫生间，卫生系统采用真空集便器。

为了方便乘客乘降，配属在北京和上海城际铁路的CRH6A车型动车组每侧设置了3门车厢，其余城际铁路上的CRH6A均为2门车厢。

图2-58为CRH6A型动车组部分车内设备。

2019年，中车广东公司与深茂铁路公司合作生产8列时速200km级别CRH6A型城际动车组，在2020年春运期间，承担广州南至湛江西客运任务，为粤西群众的出行提供了有力保障。新CRH6A型动车组沿用了原CRH6A动车组的优点，同时又借鉴了复兴号内部设计，大幅提升旅客界面配置，可满足干线铁路长途旅行需求。

图2-59为新CRH6A型动车组部分车内设备。

图2-57 CRH6A型动车组

(a)驾驶室

(b)车厢全景

(c)面对面座椅

(d)车门

图2-58 CRH6A型动车组车内设备

(a) 车厢　　　　　　　　　　　　(b) 贯通道

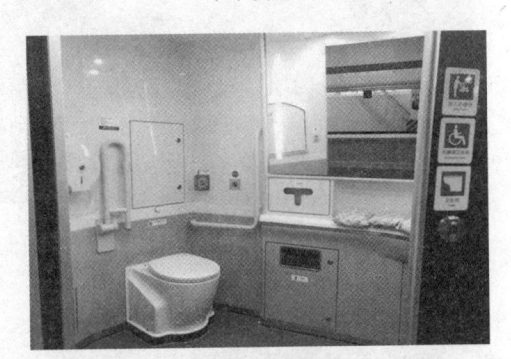

(c) 餐吧　　　　　　　　　　　　(d) 卫生间

图2-59　新CRH6A型动车组车内设备

b.CRH6F

CRH6F型动车组采用4M4T8辆编组，编组长度201.4m，最高运营速度160km/h，试验速度176km/h。

图2-60为CRH6F型动车组。

动车组座位采用2+2布置但座椅不可调节或翻转，并设有地铁车厢式座椅；动车组只在3、6号车设卫生间。

与CRH6A动车组不同，车门采用对开塞拉门，除头尾车辆每侧设2个塞拉门外，其余每节车辆设有3个塞拉门。该车牵引制动性能比CRH6A更优、载客量更大，更适合较短站间距的城际线路和站站停模式使用。

图2-61展示了CRH6F型动车组的部分车内设备。

▶ 动车组技术发展研究

图2-60 CRH6F型动车组

（a）车内显示屏 　　　　　　　　　　（b）驾驶室

（c）车厢全景 　　　　　　　　　　（d）双开车门

图2-61 CRH6F型动车组车内设备

c.CRH6A-A

CRH6A-A车型（见图2-62）为4辆小编组动车组，最大载客量达688人。该车型针对城际铁路站间距小的特点，提升了加减速能力，能够像地铁列车一样快起快停。列车还采用大宽度的双开塞拉门，并增加车门数量，保障乘客可以快速上下车，节约了停站时间。车厢连接处贯通道的宽度达到1.1米，而且座椅采用"2+2"布置，可以使车内的通行空间更加宽敞。该动车组既可4辆编组单独运营，也可实现8辆编组重联运行。此外，动车组配备了Wi-Fi，乘客可在车厢内无线上网。

图2-62　CRH6A-A型动车组

d.CRH6F-A

CRH6F-A是我国首款4辆编组的城际动车组，运营速度为160km/h。它的研制标志着我国城际动车组已形成谱系化。该动车组已经在全国多地投入运营，各地采用不同的、丰富多彩的定制化涂装，已经成为各地美丽的风景。各地方铁路运用公司也给这些个性化的CRH6F-A动车组进行了命名。如北京市域的CRH6F-A命名为"怀密号"（图2-63），绍兴市域的CRH6F-A命名为"兰亭号""鉴湖号""稽山号"，连云港的CRH6F-A命名为"美猴王"（图2-64），海南城际的

CRH6F-A命名为"白鹈鹕号""水蕨菜号"(图2-65)、"木棉花号""蜂虎鸟号"(图2-66)、"水菜花号""三角梅号""椰子树号"等。

图2-63　CRH6F-A型动车组——怀密号

图2-64　CRH6F-A型动车组——美猴王号

图2-65　CRH6F-A型动车组——水蕨菜号

图2-66　CRH6F-A型动车组——蜂虎鸟号

（6）CRH380A系列动车组

CRH380A系列动车组是青岛四方机车车辆股份有限公司在CRH2C第二

阶段动车组基础上，自主研发的高速动车组，有CRH380A、CRH380AL、CRH380AJ、CRH380AN、CRH380AM等型号，具体型谱见图2-67。

CRH380A系列为动力分散型交流传动的动车组，采用了大型中空铝合金型材车体。当时是世界上运营速度最快的动车组，持续运营速度可达350km/h、最高运行速度380km/h、最高试验速度486.1km/h。与CRH2A动车组一样，CRH380A系列动车组有非统型和统型动车之分。CRH380A系列在中国高速动车组研制过程中具有里程碑的意义，在该平台上，研发了更加先进的高速动车组，也研制了启停性能更加优越的城际动车组。

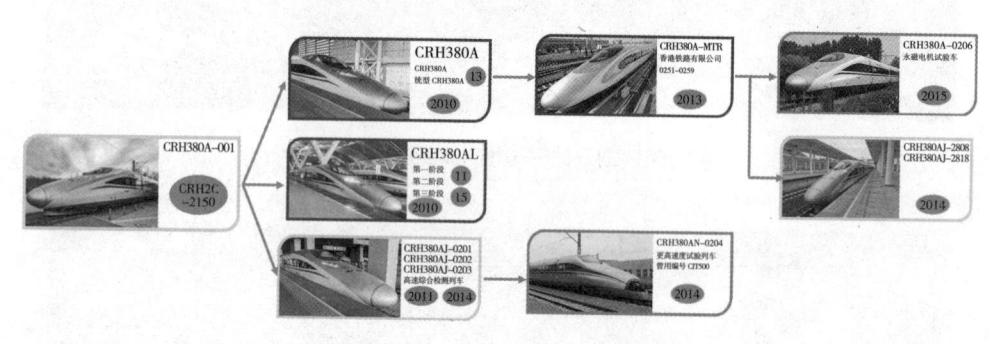

图2-67　CRH380A系列动车组型谱

a.CRH380A

CRH380A型动车组（见图2-68）采用6M2T8辆编组方式，除两头车外，其余6个中间车均为带动力的动车，因此，牵引功率高达9600kW。列车最高设计速度提高到380km/h。

CRH380A动车组的动车使用SWMB-400转向架，拖车使用SWTB-400型转向架，均为无摇枕转向架，转向架加装了抗侧滚扭杆，每侧带两组抗蛇行减震器，加强了二系悬挂空气弹簧的柔度，提高了转向架的稳定性和减震效果，满足转向架临界失稳速度达550km/h的指标要求。

CRH380A型动车组采用各种新型噪声吸收和阻隔技术材料，确保在350km/h运营的速度下，车厢内噪声保持67~69dB。动车组采用低阻力流线头型，使气动噪声减少超过15%。

2013年，根据中国铁路总公司的要求，结合各铁路局的运营经验和乘客乘坐需求，各平台的动车组及同平台内的不同型号动车组，从动车组的核心零部件及系统、旅客服务设施、司机室操纵台设备、操纵方式、动车组的主要性能和动车组型号系列等方面开展统型工作，出现了统型CRH380A型动车组。

图2-68　CRH380A型动车组

CRH380A统型动车组开发代号E27，与之前的CRH380A型动车组的区别有以下7点：

1）CRH380A统型动车组每节车厢两端和过道上都安装有摄像头，不仅为旅客寻找遗失物品、记录突发情况等提供依据，还为机械师分析动车组故障提供方便。

2）CRH380A统型动车组对每组4号车厢的残疾人卫生间进行了改造，隔出一半的空间作为高铁行包存储箱，既不影响残疾人的顺畅通行，又能提高动车组的利用率。

3）CRH380A统型动车组新增的撒砂装置能自动检测轮轨面的黏着系数，从而向轨道撒砂，增加轮对踏面和钢轨间的摩擦力，提高动车组的制动可靠性。

4）将司机室前窗安装结构由压板安装式改为了整体框架安装式，提升司机室前窗的维修便利度，实现快速更换的要求。

5）新增餐车厨房冷藏箱，为工作人员提供冷藏储备，取消餐车吧台旁卡座设计，餐座合造车定员提升至63人。

6）取消一等座的独立小窗设计，一等座移至01车，取消特等座席位，增设商务座席位分别置于01车和08车。

7）将转向架原油压式基础制动装置统一为气动夹钳式基础制动装置。

图2-69、图2-70展示了CRH380A动车组部分车内设备。

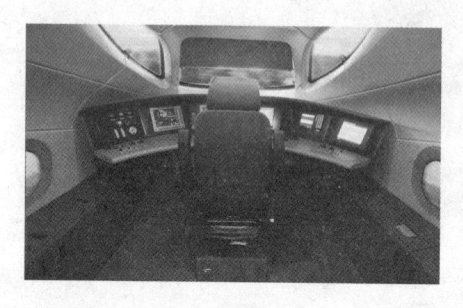

（a）驾驶室 　　　　　　　　　　　（b）观光区

图2-69　CRH380A型动车组车内设备（一）

（a）一等座 　　　　　　　　　　　（b）二等座

（c）餐车 　　　　　　　　　　　（d）包厢

图2-70　CRH380A型动车组车内设备（二）

b.CRH380AL

2010年10月底，首列长编组CRH380AL动车组在青岛四方下线。2010年11

月，CRH380AL动车组被运送至北京环行铁道、京沪高速铁路分别进行安装试验设备、初步试验和正式线路综合试验、联调联试。

2010年12月3日，CRH380AL动车组在京沪高铁进行试验，试验速度最高达到486.1km/h。

2011年6月，CRH380AL正式投入京沪高铁运营。

CRH380AL动车组（见图2-71）采用14M2T的16辆编组方式，牵引功率为21560kW，总共7个动力单元，56台牵引电动机；主要使用DSA350型高速受电弓，受电弓两侧加装了挡板，采用低阻力流线头型。CRH380AL型动车组同样使用SWMB-400/SWTB-400型无摇枕转向架。

从2010—2015年，CRH380AL型动车组经历了三个阶段的优化改进。

2011年，CRH380AL动车组第二阶段进行了统型化改进，统一了操作界面，优化了乘客体验。采用新的座席配置，将商务座设置于1车和16车，4车也由一等座车改为二等座车，商务座定员26人、一等座定员112人，二等座定员923人，全列定员1061人。

2013年，进行了统型设计，改进点同CRH380A型动车组统型设计。

2015年，再次对CRH380AL动车组在细节上做了一些优化设计。

图2-71　CRH380AL型动车组

c.CRH380AJ

CRH380AJ（早期名CRH400A、CIT400A）高速综合检测车（见图2-72）由原南车青岛四方研制，该检测车采用7M1T编组，设计速度为400km/h，2011年3月下线，列车配属中国铁路总公司。

2015年，两组CRH380AJ在即将开通的赣瑞龙铁路展开线间距和阻塞比对动车组空气动力学性能影响的分析，以310km/h的速度进行隧道内交会试验。

2017年7月，CRH380AJ在京沪高铁进行提速350km/h相关试验。

图2-72　CRH380AJ-2808动车组

d.CRH380AN

CRH380AN动车组（见图2-73）为安装了永磁同步牵引电机的动车组，4M4T8车辆编组，车内布局与统型CRH380A动车组完全相同，每节动力车均有4台最大功率600kW的永磁电机。2013年12月，株洲电力机车研究所有限公司掌握了永磁同步电机牵引系统完全自主知识产权，生产出用于时速500km高速动车组的功率高达600kW的永磁同步牵引电机。2014年10月，该电机在青岛四方股份公司成功装车。2015年7月，CRH380AN动车组转向架安装了中车株洲电机有限公司研发的TQ-600型永磁同步牵引电机，进行线上试验。2015年10

月，CRH380AN动车组通过了整车首轮线路运行试验考核，最高运行速度达到385km/h。

CRH380AN的研制成功，标志着我国掌握了基于永磁电机牵引系统动车组的相关制造技术，也为未来新造搭载永磁电机的动车组提供了技术支撑。

图2-73　CRH380AN-0206动车组

e.CRH380AM

CRH380AM型动车组（见图2-74），早期名CIT500，2011年12月在青岛四方公司下线，最高设计速度500km/h，定为更高速度试验列车。青岛四方公司以提高列车临界速度、牵引能力和减少阻力为主要目的，进行了头型、车体和转向系统的集成，对机车车辆的关键技术如牵引、刹车等技术进行了全方位的革新，并提出了自主和产业化的需求。

CRH380AM试验列车由6辆编组而成，车厢全部为动车，大功率牵引系统，牵引总功率达到22800kW，动车组两头车外形的设计完全不同，一头是源于现有CRH380A动车组类似"火箭"一样的头型，另一头设计灵感源于中国古代的兵器"青铜剑"，有种利剑出鞘的气势。通过大量的概念设计、数值仿真分析、风洞试验等，优化出"剑"和"火箭"的头尾组合。通过实验证明，该设计实现了头车降低阻力、尾车升力接近于零的最优技术匹配。列车的车体采用轻量化、等强度设计理念，在重量减少的情况下，提高了刚度。目前，该动车组只生成一列，配属中国铁路总公司，作为高速综合检测列车使用。

图2-74　CRH380AM型动车组

（7）CRH380B系列动车组

CRH380B系列动车组是由唐山轨道客车有限责任公司和长春轨道客车股份有限公司自主研发的高速动车组。该动车组基于CRH3C型动车组技术平台，时速400km级的CIT400B检测车和中国标准动车组均以此为研制基础。

2008年9月，原铁道部开展CRH3-350型动车组研发项目。2009年1月，在该项目研发前期阶段，原铁道部修改了动车组的设计标准，动车组最高速度由350km/h提高至380km/h，项目名称修改为CRH3-380；提高设计标准后，通过京沪高速铁路从北京到上海的时间可由原规划的5小时，进一步缩短至4小时。

2009年3月，原铁道部正式与唐山轨道客车公司、长春轨道客车股份公司以及中国铁道科学研究院签署了一系列采购合同，合作生产100列16辆编组动车组，定名为CRH380BL，其中70列是由唐山轨道客车制造，30列则由长春轨道客车制造。

2009年6月，原铁道部再次向我国动车组制造企业招标采购共320列时速350km的高速动车组，原中国北车集团获得了100列动车组的生产订单，其中长春客车公司获得80列，包含40列16辆编组CRH380BL动车组和40列8辆编组CRH380B动车组。2011年4月至2012年6月，这批动车组交付给北京铁路局。

至2016年该型动车组停止生产时，CRH380B系列动车组生产了八百二十多个标准编组，主要有CRH380B、CRH380BL、CRH380BG、CRH380BJ、CRH380BJ-A五种型号，具体型谱见图2-75。

图2-75　CRH380B系列动车组型谱

a.CRH380B

CRH380B型动车组，又称为非统型CRH380BG，具有较好的抗高寒性能，40列全部由长春轨道客车生产，采用4M4T的编组方式，牵引功率为9200kW，最高运营速度为380km/h，最高试验速度为400km/h以上。2013年，根据中国铁路总公司的要求，结合各铁路局的运营经验和乘客乘坐需求，对各平台的动车组及同平台内的不同型号动车组，从动车组的核心零部件及系统、旅客服务设施、司机室操纵台设备、操纵方式、动车组的主要性能和动车组型号系列等方面开展统型工作。经过统型后，将CRH380B系列动车组的耐高寒型正式命名为CRH380BG，非高寒型正式命名为CRH380B（见图2-76）。

图2-77为CRH380B部分车内设备。

图2-76　CRH380B型动车组

(a) VIP座 　　　　　　　　　　　　　　(b) 一等座

(c) 二等座 　　　　　　　　　　　　　　(d) 餐吧

图2-77　CRH380B型动车组车内设备

b.CRH380BL

CRH380BL型动车组（见图2-78）为16辆长编组，8M8T，最高运营速度380km/h，牵引功率为18400kW。该型动车组由长春轨道客车和唐山轨道客车共同生产。2010年12月5日，在京沪高铁先导段的最高试验速度达457km/h。2011年8月，曾因连续发生热轴报警误报、自动降弓、牵引丢失等故障被召回整改。2011年11月，原铁道部表示长春轨道客车和唐山轨道客车对召回的CRH380BL动车组进行了认真整改。整改合格后，自2011年11月16日起将分批投入运营。2013年，根据中国铁路总公司的要求对其进行了统型改进，统一了操作界面，优化了乘坐体验，将商务座设置在1车和16车，将第4车一等座车改为二等座车。

2015年12月，CRH380BL进行了第三阶段改进，与第二阶段车型相比，外观基本无区别，内部变化有：5车增加行包柜，改卫生间外形为方形；单双数靠窗规则有变；除9车、16车外，各车厢第1排均靠近1车方向，但各车厢位向不变，部分车厢一位端两侧均设小窗；一等座座椅套颜色改为灰色；每排座位下方均设有电源插座。

图2-78　CRH380BL型动车组

c.CRH380BG

CRH380G型动车组（见图2-79）为高寒型动车组，采用4M4T的编组方式，牵引功率为9200kW，最高运营速度380km/h。针对哈大高铁等高寒地区对动车组及其零部件运用的要求，CRH380BG动车组对车体材料、结构做出许多创新改动，动车组防寒、防冰雪的性能大大提高。

2013年，对CRH380BG进行了统型改进，统型与非统型CRH380BG除可通过内部坐席分布不同进行区分之外，亦可通过头车车门开启方向进行区分：统型CRH380BG头车车门开启方向向后（车头之反方向），而非统型则为向前（车头之方向）。

图2-79　CRH380BG型动车组

d.CRH380BJ

CRH380BJ（见图2-80）为高速综合检测列车，编号为CRH380BJ-0301（原编号CIT400B、CRH380B-002），由唐车研发生产。列车使用CRH380C头型，采用6M2T8辆编组，动车组上集成设置了通信信号检测、轨道与动力学检测、接触网综合检测等功能，按功能分别设置试验车、会议车、设备车、接触网、生活车、卧铺车等。

图2-80 CRH380BJ型动车组

e.CRH380BJ-A

CRH380BJ-A-0504动车组（见图2-81）属高寒型高速综合检测列车，是基于CRH380BG型高寒动车组平台研制，检测功能与CRH380BJ-0301高速综合检测列车相同，但检测设备均针对高寒运用条件进行了优化和加强，该型装备为东北、西北地区高速铁路冬季安全运行提供了有力保障。全列动车组由8辆编组而成，其中4号车为拖车，其他7辆为动车。1号车、8号车为信号系统测试车，2号车、7号车为弓网系统测试车，3号车为信号系统测试车，4号车为轨道几何检测、轮轨力测试车。

图2-81 CRH380BJ-A型动车组

（8）CHR380CL型动车组

CRH380CL型动车组（见图2-82）是我国最稀有的一种动车组，产量仅有25列，头型相当好看，昵称"鲨鱼"，圆润而且呈流线型，风阻较低。该车型是在CRH3C、CRH380BL型动车组的基础上研发的，全部由长春轨道客车股份有限公司生产，是CRH380BL型高速动车组的姊妹车型，列车使用全新设计的头型，采用基于日立技术的永济牵引系统。

2012年5月，CRH380CL型动车组在长春客车厂下线，是8M8T16辆编组，持续功率19200kW，持续运营速度310km/h，最高运营速度380km/h，设计最高速度420km/h。那么CRH380CL跟CRH380BL有什么区别呢？两种车除了车头设计有差异外，外形上几乎一模一样，座椅布置与内饰也一样，对于我们普通乘客乘坐体验来说，基本没区别。但是，在动车组关键技术方面，CRH380BL型动车组牵引系统采用西门子系统，而CRH380CL型动车组牵引系统采用日立技术的永济牵引系统。

图2-82 CRH380CL型动车组

（9）CHR380D型动车组

CRH380D型动车组是由青岛四方庞巴迪公司基于ZEFIRO平台研发的高速动车组。

图2-83为CRH380D型动车组。

CRH380D型动车组采用4M4T8辆编组，设计标称运行速度为350km/h，最高运行速度380km/h，最高设计速度400km/h，最高试验速度420km/h，2013年4月，在宁杭甬高铁的试验中，跑出最高速度420km/h。

列车全长215.3m、宽3.4m、高4.16m，两头车车长度27.85m，中间拖车长度26.6m。CRH380D型动车组可通过两组重联增至16节。

2012年6月至2019年6月，青岛四方庞巴迪铁路运输设备有限公司共交付85列CRH380D型动车组，全部配属在上海铁路局和成都铁路局。

图2-84展示了CHR380D型动车组的部分车内设备。

第二章　中国动车组的型谱和配属

图2-83　CRH380D型动车组

（a）司机室 　　　　　　　　（b）商务座

（c）一等座 　　　　　　　　（d）二等座

图2-84　CRH380D型动车组车内设备

3.复兴号系列动车组

中国标准动车组复兴号是我国自主研发、具有完全知识产权的高速动车组，它完全执行中国标准，集成了大量高新技术，国产零配件也在该车型上得到大量应用，并且在牵引、制动、网络、转向架、轮轴等动车组关键技术上实现重大突破。中国标准动车组是中国科技创新的又一重大成果。

中国标准动车组研制项目起于2012年，在原铁道部组织下，中国铁道科学研究院、中国中车各单位、西南交通大学等产学研单位集中优势技术力量，按照正向设计思路，以自主化、互联互通互换、技术先进为目标，共同开展了中国标准动车组的研制工作。当时，60余家科研单位、70多名院士、近1000名教授、2万多名工程技术人员参与了项目。

2015年6月，中国标准动车组样车下线。

2016年7月，中国标准动车组在世界上首次实现时速420km交会及重联运行试验。

2017年2月25日10点33分，G65次列车驶出北京西站，运行于京广高铁，标志着中国标准动车组样车正式上线运营。

2017年6月25日，中国标准动车组被正式命名为复兴号。

2018年10月，17辆编组超长版CR400复兴号下线，车身长439.8m，可乘坐1283人。

2018年12月，时速250km8辆编组、时速160km动力集中等多款复兴号新型动车组首次公开亮相。

2019年8月，由乌鲁木齐开往库尔勒的首趟C8802次复兴号列车由乌鲁木齐站开出，标志着新疆也进入了复兴号列车时代。

2020年12月，CR300BF型复兴号动车组配属西安铁路局，承担即将开通的银西高铁旅客运输任务，这是该型号动车组在中国的首次上线。

2020年12月，复兴号CR400AF动车组配属重庆铁路局。该动车组在重庆沙坪坝站首发开往成都东站，成渝两地的高铁通达时间缩短至62分钟。

2021年6月，中车青岛四方公司CR400AF-Z和CR400AF-BZ两种编组的新型复兴号智能动车组正式上线投入运营。

2021年6月,拉林铁路拉萨至林芝铁路开通运营,复兴号CR200J高原内电双源动车组同步投入运营。

2022年1月,复兴号动车组在西藏拉萨火车站,开启了在"世界屋脊"的首次春运。

截至2022年7月,复兴号动车组有CR450、CR400、CR300、CR200四个系列。拥有如下车型。

CR450试验动车组。

CR400系列:CR400AF、CR400AF-A、CR400AF-B、CR400AF-C、CR400AF-G、CR400AF-Z、CR400AF-BZ、KCIC400AF、KCIC400AF-CIT、CR400AF-S、CR400BF、CR400BF-A、CR400BF-AZ、CR400BF-B、CR400BF-C、CR400BF-G、CR400BF-Z、CR400BF-BZ、CR400BF-GZ、CR400BF-J。

CR300系列:CR300AF、CR300BF。

CR200J系列:CR200J短、CR200J长。

复兴号系列各型动车组的主要技术参数如表2-4所示。

(1)CR450试验动车组

2021年5月,为进一步保持我国在动车组速度领域的领先优势,我国启动了时速400km等级的CR450高速动车组研制。

2022年4月,CR450动车组在郑州至重庆高速铁路巴东至万州段隧道内,进行了相关试验,成功实现单列速度403km/h、相对交会速度达806km/h;CR450动车组在济南至郑州高铁濮阳至郑州段,成功实现单列速度435km/h、相对交会速度达870km/h,分别创造了高铁动车组交会速度世界纪录。CR450动车组依旧由4M4T8辆编组组成,不但采用我国自主研发的涡流制动、碳陶制动盘、永磁牵引系统、主动控制受电弓、碳纤维零部件等多项新技术,还增强了动车组列车的安全性、可靠性、效能性、经济性,动车组整体性能达到世界领先水平。图2-85、图2-86分别为唐车版、四方版CR450试验动车组。

表2-4 复兴号系列各型动车组的主要技术参数表

序号	车型	列车总长（m）	编组形式	速度等级（km/h）	试验速度（km/h）	牵引功率（kW）	新轮/磨耗轮直径（mm）	车体材质	车体宽×高（mm）
1	CR400AF	208.95	4M4T	350	385	10000	920/850	铝合金	3360×4050
2	CR400AF-A	414.15	8M8T	350	385	20000	920/850	铝合金	3360×4050
3	CR400AF-B	439.8	8M9T	350	385	20000	920/850	铝合金	3360×4050
4	CR400AF-C	209.06	4M4T	350	435	10000	920/850	铝合金	3360×4050
5	CR400AF-G	208.95	4M4T	350	385	10000	920/850	铝合金	3360×4050
6	CR400AF-Z	209.06	4M4T	350	435	10000	920/850	铝合金	3360×4050
7	CR400AF-BZ	439.8	8M9T	350	385	20000	920/850	铝合金	3360×4050
8	KCIC400AF	208.95	4M4T	350	385	10000	920/850	铝合金	3360×4050
9	KCIC400AF-CIT	414.15	8M8T	350	385	20000	920/850	铝合金	3360×4500
10	CR400AF-S	209.06	4M4T	350	435	10400	920/850	铝合金	3360×4050
11	CR400BF	414.26	8M8T	350	385	20800	920/850	铝合金	3360×4050
12	CR400BF-A	414.26	8M8T	350	385	20800	920/850	铝合金	3360×4050
13	CR400BF-AZ	414.26	8M8T	350	385	20800	920/850	铝合金	3360×4050
14	CR400BF-B	439.91	8M9T	350	385	20800	920/850	铝合金	3360×4050
15	CR400BF-C	211.31	4M4T	350	421	10400	920/850	铝合金	3360×4050

续表

序号	车型	列车总长（m）	编组形式	速度等级（km/h）	试验速度（km/h）	牵引功率（kW）	新轮/磨耗轮直径（mm）	车体材质	车体宽×高（mm）
16	CR400BF-C 冬奥版	211.31	4M4T	350	421	10400	920/850	铝合金	3360×4050
17	CR400BF-G	209.06	4M4T	350	435	10400	920/850	铝合金	3360×4050
18	CR400BF-Z	211.31	4M4T	350	421	10400	920/850	铝合金	3360×4050
19	CR400BF-BZ	442.16	8M9T	350	385	20800	920/850	铝合金	3360×4050
20	CR400BF-GZ	211.31	4M4T	350	421	10400	920/850	铝合金	3360×4050
21	CR400BF-J	211.31	4M4T	385	435	12800	920/850	铝合金	3360×4050
22	CR300AF	208.95	4M4T	250	285	5600	920/850	铝合金	3360×4050
23	CR300BF	208.95	4M4T	250	285	5600	920/850	铝合金	3360×4050
24	CR200J短	225.48	1M8T	160	210	5720	1250/915	结构钢	3105×4433
25	CR200J长	447.96	2M16T	160	200	11440	1250/915	结构钢	3105×4433

图2-85　CR450试验动车组（唐车版）

图2-86　CR450试验动车组（四方版）

（2）CR400系列动车组-AF平台

CR400AF型动车组是中国中车青岛四方机车车辆股份有限公司自主研发的

动力分散型交流传动动车组，专为我国客运专线设计。动车组最高营运速度为350km/h，采用大型中空铝型材车体，转向架采用400km/h高速转向架。

2015年6月，该系列动车组首列列车正式下线，目前，该系列动车组由青岛四方和BST两家公司生产，有CR400AF、CR400AF-A、CR400AF-B、CR400AF-C、CR400AF-G、CR400AF-Z、CR400AF-BZ、KCIC400AF、KCIC400AF-CIT九种车型，此外还有未量产的可变轨距动车组、双层动车组CR400AF-S、卧铺动车组、货运动车组四种车型，具体型谱如图2-87所示。

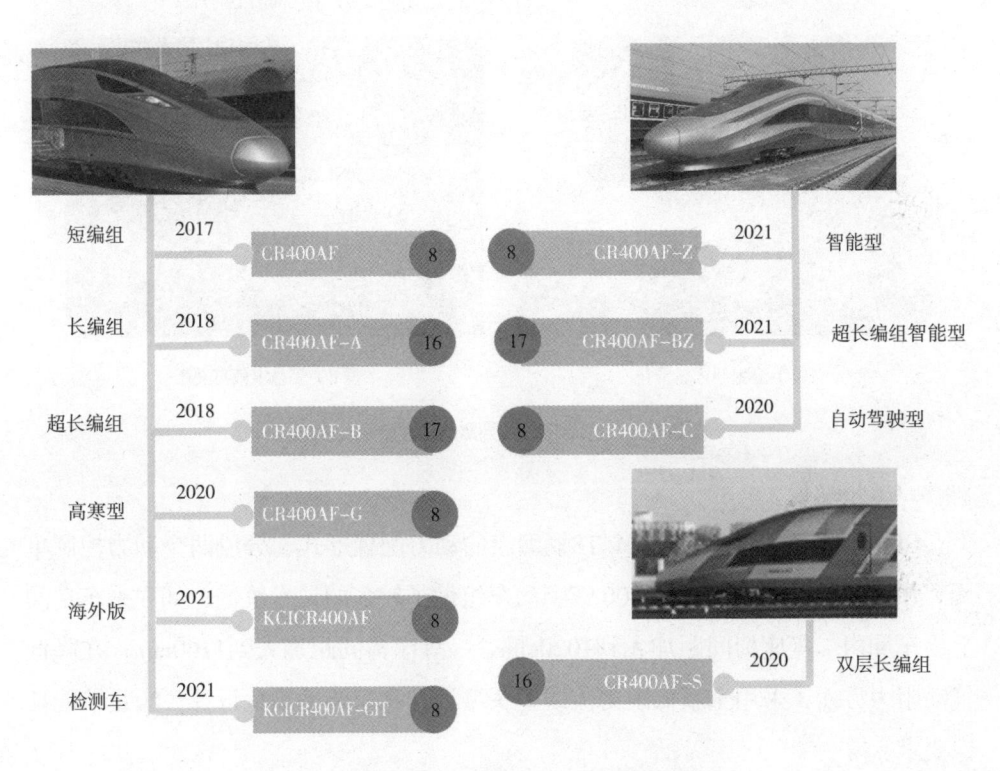

图2-87 CR400系列AF平台动车组型谱

CR400AF型动车组更加专注人性化设计，车内的残疾人服务设施更加齐全，专门设置无障碍车厢、无障碍卫生间、轮椅放置区，并配备更宽阔的通过门；在旅客引导、车内布置功能按钮、座位号等服务设施上设置盲文标识，显示人文关爱。

CR400系列动车组残疾人设施见图2-88。

(a) 轮椅位 　　　　　　　　　(b) 卫生间门上的盲文

(c) 卫生间内轮椅位 　　　　　(d) 紧急求救盲文

图2-88　CR400系列动车组残疾人设施

a.CR400AF

CR400AF型动车组采用4M4T8辆编组的动力配置形式，分成两个动力控制单元。相对和谐号动车组，CR400AF型动车组做了较多的技术改进，如在乘车空间上，车厢内二等座椅间距加大到1020mm、一等座椅间距加大到1160mm；在降低气动阻力方面，采用全新低阻力流线型头型设计和车体平顺化设计，满足节能环保要求。

在车厢环境，如空调系统、照明和行李架设置以及无障碍设施等方面也做了改进，设置了不间断的旅客用220V电源插座，满足旅客使用要求。

在互联互通上，中国标准动车组CR400AF和CR400BF各型号动车组采用统一的技术标准和参数，可实现相同部分零部件具有互换性的要求，有效降低设计制造难度、降低运用和检修等成本，降低零部件差异化带来的大故障率，提高了动车组的使用寿命。

为满足不同客流的需要，CR400AF型动车组也可灵活编组，在动车组动力单元配置及网络控制系统保持不变的情况下,通过调整牵引电机特性,满足在不同速度下对牵引能力的需求。

CR400AF的2列样车(CR400AF-0207和CR400AF-0208,见图2-89和图2-90)曾经采用白色底色搭配侧窗上方蓝色线条的涂装,截至2022年,列车全部采用银色底色搭配侧窗前方及下方红色线条的涂装(见图2-91)。CR400AF的部分车内设备见图2-92。

图2-89　CR400AF-0207型动车组

图2-90　CR400AF-0208型动车组

图2-91　CR400AF型动车组（批量车）

（a）观光区　　（b）端部间壁

（c）一等座　　（d）二等座

图2-92　CR400AF型动车组车内设备

b.CR400AF-A

CR400AF-A型动车组（见图2-93）为8M8T16辆编组动车组，每列定员达到1193人，全列车内部连通，旅客可从第1节车厢走到最后一节车厢。CR400AF-A型动车组不仅继承了原有自主化成果，而且在已有技术基础上，对网络系统、供电系统、旅客信息系统等进行了适应性的扩充设计，车身平顺性设计得到了优化，使得列车在运行时遇到的空气阻力更小，有利于降低能耗。CR400AF-A型动车组的内饰风格与CR400AF一致，但车厢座位数量和舒适度有所提升。从2018年6月开始，CR400AF-A型动车组相继在京沪高铁、广铁集团、武汉铁路局和济南铁路局上线运营。

图2-93　CR400AF-A型动车组

c.CR400AF-B

CR400AF-B型动车组（见图2-94）是在CR400AF-A型动车组的基础上设计生产的17辆编组的动车组，该动车组增加了一节二等座车，编组形式为8M9T，全列定员1283人。2019年1月起，该动车组开始在京沪高铁上运营。

图2-94　CR400AF-B型动车组

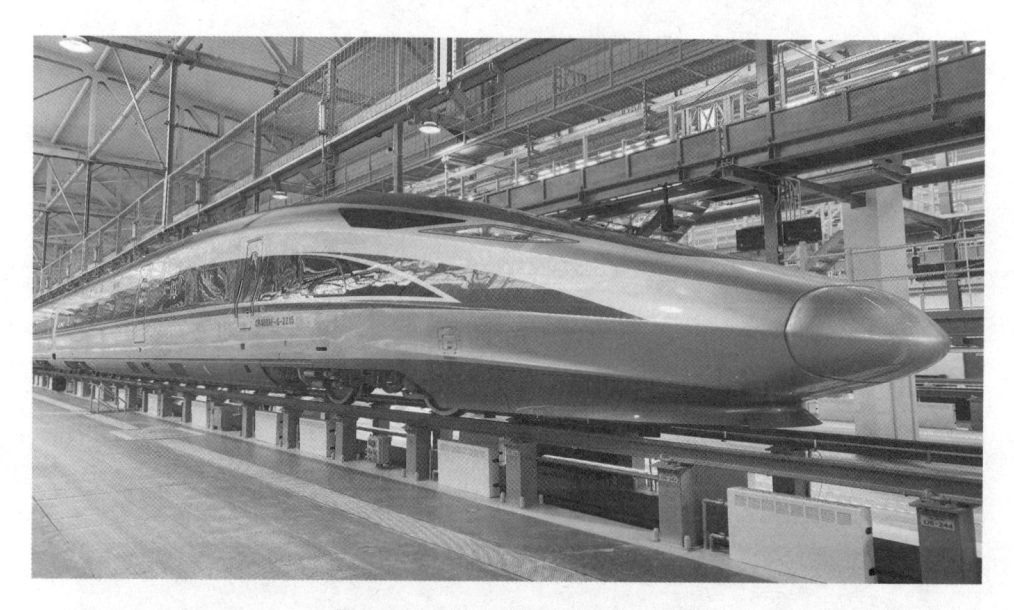

d.CR400AF-G

CR400AF-G型动车组（见图2-95）是在CR400AF型动车组的基础上设计生产的高寒抗风沙动车组，主要为京包和京哈等线路设计。与和谐号高寒动车组一样，CR400AF-G的结构元件、电气元件、卫生给水系统均进行了耐低温设计，加装了加热保温设施，保障动车组在严寒恶劣天气下仍能驰骋在我国辽阔的北方。同时，该车增加了独立的司机室门，便于司机乘降，也提高了商务座乘客的私密性。2021年1月起，该动车组正式载客运营。

图2-95 CR400AF-G型动车组

e.CR400AF-C

CR400AF-C动车组（见图2-96）是在CR400AF基础上，为京雄城际铁路设计的新一代8辆编组的智能型高速动车组，带ATO系统、北斗导航、智能运维等配置，可以实现有人值守的自动驾驶。该型车采用全新的龙凤呈祥外观型设计，外观唯美。2020年2月，CR400AF-C智能动车组下线。2020年3月，整车下线并进入调试阶段。2020年4月，CR400AF-C抵达环铁进行测试。2020年5月，CR400AF-C参加商合杭高铁（合湖段）联调联试并进行型式试验。2021年7月开始，CR400AF-C在京雄城际铁路运营。图2-97展示了部分CR400AF-C型动车组商务座及其附近。

图2-96　CR400AF-C型动车组

（a）商务座车厢 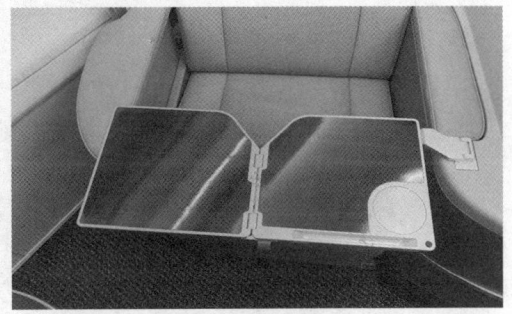　　（b）商务座小桌板

（c）商务座无线充电 　　（d）商务座阅读灯

图2-97　CR400AF-C型动车组商务座及其附件

f.CR400AF-Z

CR400AF-Z型动车组（见图2-98）为普通智能动车组，与CR400AF-C动车组相比，不配备ATO，即无法自动驾驶，其余设施，如北斗导航、智能运维等配置和C相同。2021年6月，该型动车组在北京局上线运营。2022年6月，上线运营一年以来，新一批次的CR400AF-Z型动车组进行了一些调整，例如：取消自动售货机，更改为储藏柜；增加了观光区走廊的宽度；端部一等座椅扶手增加小桌板，将腿靠重新造型；商务座椅增加行李绑带；无障碍设施车盲文贴纸增加高度。图2-99展示了其部分座椅与VSB接口情况。

图2-98 CR400AF-Z型动车组

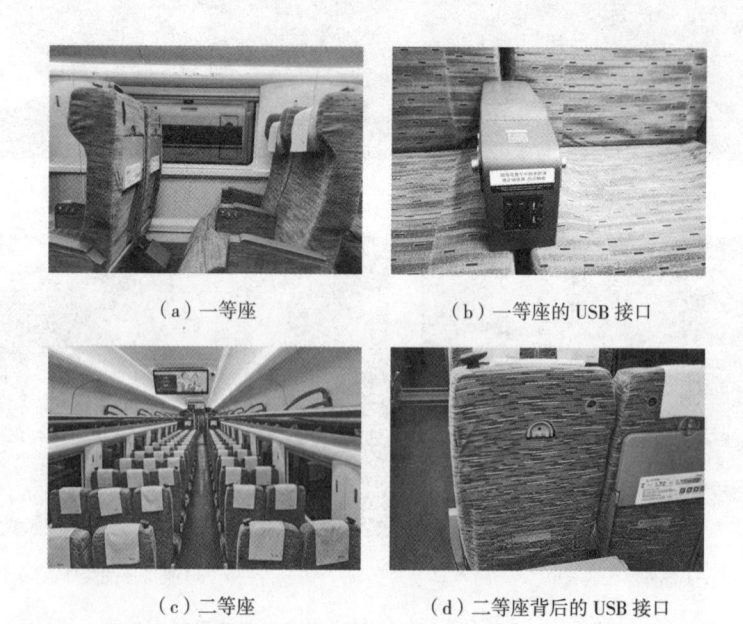

（a）一等座　　（b）一等座的USB接口

（c）二等座　　（d）二等座背后的USB接口

图2-99 CR400AF-Z型动车组座椅及USB接口

g.CR400AF-BZ

CR400AF-BZ型动车组是在CR400AF-Z型动车组基础上加长到17辆编组而成的最新一款智能动车组，编组形式为8动9拖。2021年6月开始上线运行，目前配属北京铁路局。

图2-100为CR400AF-BZ型动车组。

图2-100　CR400AF-BZ型动车组

h.KCIC400AF

2017年，在中国铁路总公司的主导下，中车青岛四方股份公司确定与印度尼西亚政府签订销售合同，为雅万高铁提供速度为350km/h高速动车组（见图2-101）。

该动车组基于CR400AF成熟技术，编组形式为8辆编组，并针对热带气候进行优化，如耐高温设计，车厢内饰也做了改动，更加适应当地环境。同时，为雅万高铁配备了综合检测车，命名为KCIC400AF-CIT（见图2-102）。

印度尼西亚雅万高铁项目全部采用中国高铁技术和装备，借鉴中国高铁丰富的铁路建设和交通运营管理经验。该项目也是中国高铁标准走出去的第一单，标志着中国高铁装备从"产品+技术+服务"走出去模式升级到"产品+技术+服务+标准"走出去的模式。

图2-101　KCIC400AF型动车组

图2-102　KCIC400AF-CIT型综合检测动车组

i.CR400AF-S

CR400AF-S型动车组（见图2-103）是在CR400AF-A型动车组的基础上研发的16编组双层动车组，8M8T16辆编组。该动车组最大的特点是定员数量的显著增加，对单列载客数量提高非常有利，在一定程度上缓解某些线路运力不足的情况。但是，双层动车组减少了设备布置和检修空间，加大了检修难度。一旦设备出现故障，维修周期将增加。

图2-103　CR400AF-S型动车组

（3）CR400系列动车组-BF平台

CR400BF系列动车组是中国标准动车组CR400级别里的一款，由唐山机车车辆有限公司和长春轨道客车股份有限公司共同研制，为动力分散型、交流传动的铝合金空心型材车体，最高营运速度350km/h。2015年6月30日正式下线。2017年8月21日，中车唐山公司生产研制的CR400BF动车组在京广高铁载客运营。目前，该系列有CR400BF、CR400BF-A、CR400BF-B、CR400BF-G、CR400BF-C、CR400BF-C冬奥版、CR400BF-Z、CR400BF-AZ、CR400BF-BZ、CR400BF-GZ、CR400BF-J等十多种车型，此外还有未量产的可变轨距动车组、双层动车组CR400BF-S、纵向卧铺动车组、货运动车组四种车型，具体型谱见图2-104。

与CR400AF型动车组一样，CR400BF型动车组也专注人性化设计，车内的残疾人服务设施齐全，专门设置无障碍车厢、无障碍卫生间、轮椅放置区，配备更宽阔的通过门；在旅客引导、车内布置功能按钮、座位号等服务设施上设置盲文标识，显示人文关爱。

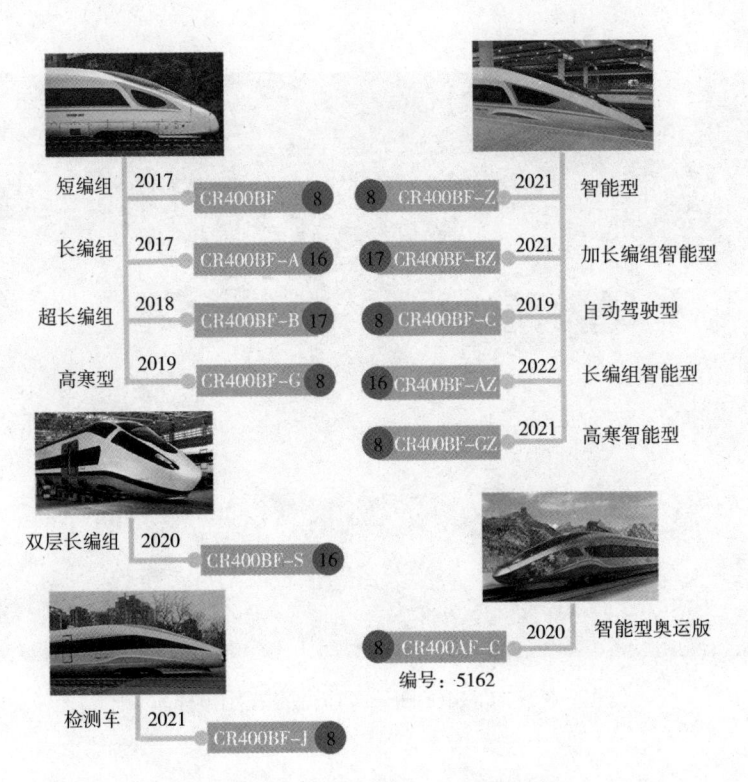

图2-104　CR400系列BF平台动车组型谱

a.CR400BF

CR400BF型动车组采用4M4T8辆编组,组成两个动力控制单元。为满足不同客流的需要,CR400BF型动车组也可灵活编组,既能在我国350km/h速度级客运专线上运营,也能在200km/h速度级客运专线上以200km/h速度运营。

动车组定员576人,1号车为商务/一等车,2、3、6、7号车为二等车,4号车为带无障碍设施二等车,5号车为餐座合造车,8号车为商务/二等车。

动车组车体由与车体同长度的大型中空铝合金型材组焊而成,为筒型整体承载结构,具有很好的防振、隔音效果和耐腐蚀性。

CR400BF的3列样车(CR400BF-0305、CR400BF-0503和C400BF-0507)(分别见图2-105～图2-107)在牵引系统方面有一些不同点,如CR400BF-0305采用永济电机IGBT-VVVF以及中车株洲电机YQ-625,CR400BF-0305采用纵横机电IGBT-VVVF,CR400BF-0507采用永济电机IGBT-VVVF。

样车的涂装与座椅已经修改到与量产车相同,量产车涂装与车内设备见图2-108、图2-109。

图2-105 CR400BF-0305型动车组(样车)

第二章　中国动车组的型谱和配属

图2-106　CR400BF-0503型动车组（样车）

图2-107　CR400BF-0507型动车组（样车）

图2-108　CR400BF型动车组（量产车）

（a）商务座　　　　　　　　　　（b）一等座

（c）二等座　　　　　　　　　　（d）座位显示屏

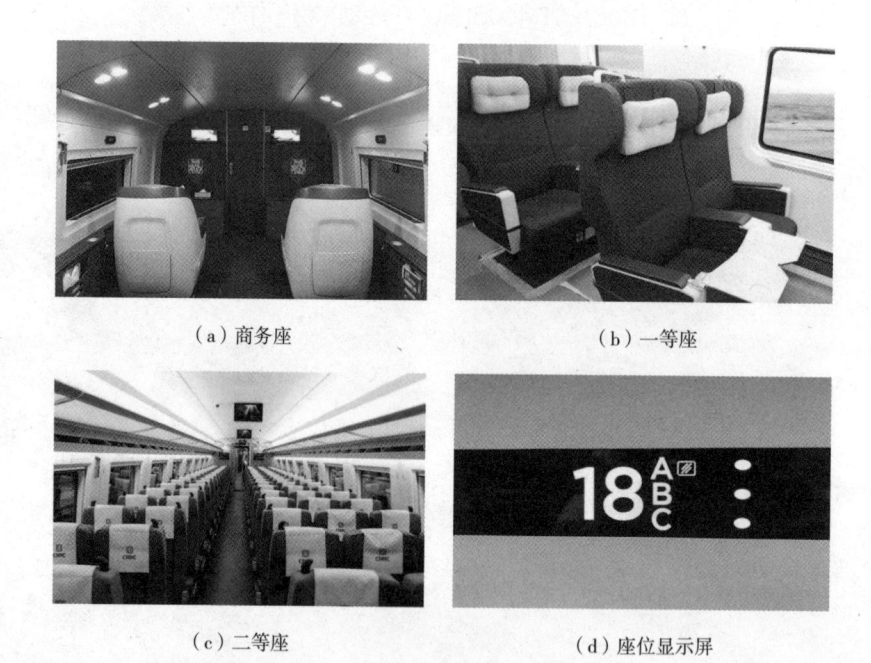

图2-109　CR400BF型动车组车内设备

b.CR400BF-A

CR400BF-A型动车组（见图2-110）与CR400BF型动车组同为速度350km/h的复兴号动车组，与8辆编组CR400BF型不同，CR400BF-A型为8M8T16辆编组，每列定员达到1193人，旅客可在全列车内自由通行。CR400BF-A型动车组的内饰风格与CR400BF一致。2018年2月该动车组下线,2018年6月开始,CR400AF-A型动车组在京沪高铁上线运营,目前,CR400BF-A型动车组已经配属在北京铁路局、济南铁路局和武汉铁路局。

图2-110　CR400BF-A型动车组

c.CR400BF-B

CR400BF-B型动车组(见图2-111)是在CR400BF-A型动车组的基础上设计生产的17辆编组的动车组,形成8M9T固定编组,该车增加了一节二等座车,定员增加到1283人。2018年9月该动车组下线,2019年1月起,在京沪高铁上载客运营,目前配属在上海铁路局。

图2-111　CR400BF-B型动车组

d.CR400BF-G

CR400BF-G型动车组（见图2-112）是在CR400BF型动车组的基础上设计生产的高寒抗风沙动车组，主要为东北地区高铁线路、大张和京张等线路设计。部分车型增加了独立的司机室门，便于司机乘降，也提高了商务座乘客的私密性。2021年1月，该动车组正式载客运营。截至2022年6月主要运营范围为京哈、沈大等线路，京沪、津秦和秦沈少量车次以及北京西至西安北，图2-113展示了该动

图2-112　CR400BF-G型动车组

（a）商务座 　　　　　　　　　　（b）一等座

（c）二等座 　　　　　　　　　　（d）盥洗池

图2-113　CR400BF-G型动车组车内设备

车组部分车内设备。

e.CR400BF-C

CR400BF-C动车组（见图2-114）是在CR400BF基础上，为京张高速铁路及2022年冬奥会设计的4M4T8辆编组的高速动车组，采用全新的头型和瑞雪迎春外观型设计，带ATO系统，可以实现有人值守的自动驾驶。2019年4月，CR400BF-C智能动车组首次下线。2019年7月，CR400BF-C在北京环铁进行性能测试。2019年9月，CR400BF-C参与郑渝高速铁路郑州至襄阳段联调联试。2019年12月31日，京张高铁开通首日，CR400BF-C型动车组投入运营。2020年9月，CR400BF-C动车组增加独立的司机室门。图2-115为该动车组部分车内设备。2021年1月，部分CR400BF-C动车组正式换装冬奥涂装（见图2-116），8车的二等座区域改造为直播间，命名为多功能车（车种代码：DGN），支持5G视频直播，参与冬奥会期间的运营任务。CR400BF-C动车组的整体风格是蓝色暖色调，车厢灯带、显示屏颜色、动车组车厢外的到站显示屏由黄色字体改为了天蓝色字体，与冬奥会冰雪主题相衬。车厢中还设置多种盲文，有滑雪板存放位置。部分车内设备见图2-117和图2-118。

图2-114　CR400BF-C型动车组

▶ 动车组技术发展研究

(a)商务座 　　(b)一等座

(c)二等座 　　(d)吧台

图2-115　CR400BF-C型动车组车内设备

图2-116　CR400BF-C型动车组（冬奥版）

第二章 中国动车组的型谱和配属

(a) 一等座

(b) 二等座

(c) 直播间

(d) 滑雪器材柜

图2-117　CR400BF-C型动车组（冬奥版）车内设备

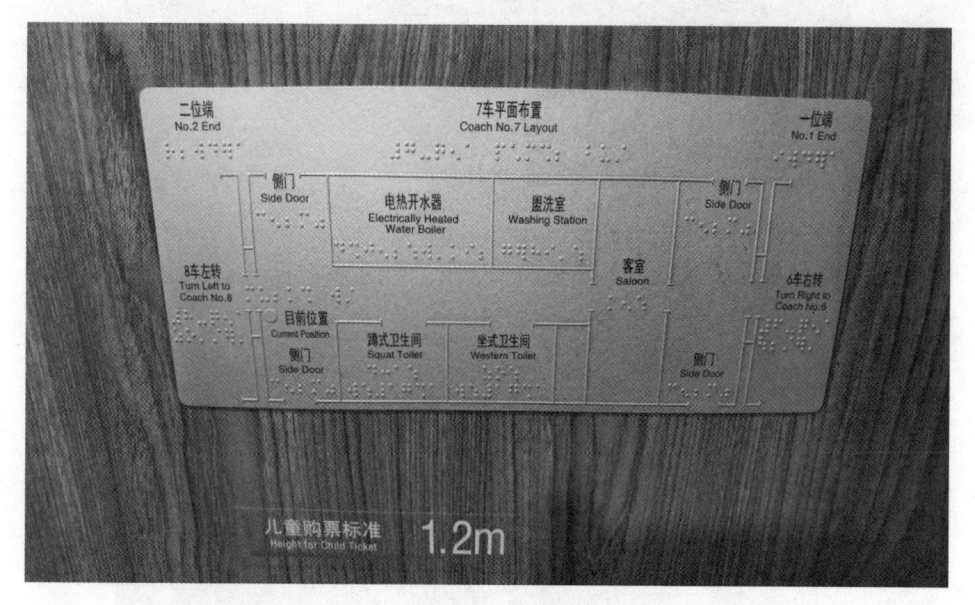

图2-118　CR400BF-C型动车组（冬奥版）车内平面布置盲文标识

155

f.CR400BF-Z

CR400BF-Z型动车组（效果图见图2-119，实景图见图2-120）为普通智能动车组，4M4T8辆编组。与CR400BF-C动车组相比，不配备ATO，无法自动驾驶，但配置了北斗导航、智能运维等配置。2021年6月2日，该型动车组在北京局上线运营。车厢内的液晶电视尺寸改为了宽屏，可左右分屏显示，左侧显示时间、到站信息，右侧可以播放电视、广告宣传片。电视的下方可滚动显示温馨提示字幕、列车速度。车厢两端的电子显示屏，在速度大于或等于300km/h时，固定显示车次和速度；当速度小于300km/h时，固定显示车内温度和车外温度，滚动显示温馨提示标语和列车信息，车内设备见图2-121。目前，CR400BF-Z型动车组配属在北京铁路局和上海铁路局。

图2-119 CR400BF-Z型动车组效果图

图2-120 CR400BF-Z型动车组

（a）商务座 　　　　　　　　　（b）一等座

（c）二等座 　　　　　　　　　（d）静音车厢服务

图2-121　CR400BF-Z型动车组车内设备

g.CR400BF-AZ

CR400BF-AZ型动车组（见图2-122）为普通智能动车组，8M8T16辆编组，由中车长春轨道客车股份有限公司生产。车体外观仍然以"龙凤呈祥"为主题，上下舞动的红黄条纹寓意"龙腾四海、凤舞九天"。CR400BF-AZ型动车组2022年5月下线，目前配属在郑州铁路局。

图2-122　CR400BF-AZ型动车组

▶ 动车组技术发展研究

h.CR400BF-BZ

CR400BF-BZ型动车组（见图2-123）为普通智能动车组，8M9T17辆编组，由中车长春轨道客车股份有限公司生产。于2021年6月25日在京沪高铁投入运营。该动车组部分车内设备见图2-124。

图2-123　CR400BF-BZ型动车组

（a）商务座

（b）二等座

（c）自动售卖机

图2-124　CR400BF-BZ型动车组车内设备

i.CR400BF-GZ

CR400BF-GZ型动车组（见图2-125）为高寒型智能动车组，4M4T8辆编组，由中车长春轨道客车股份有限公司生产。于2021年6月25日在京哈高铁投入运营。

图2-125　CR400BF-GZ型动车组

j.CR400BF-J

CR400BF-J型动车组是在CR400BF-C基础上设计制造的高速综合检测列车（见图2-126），4M4T8辆编组。除安装检测设备外，03、06车安装轨道涡流制动装置，为实现400km/h运行进行测试。由中车长春轨道客车股份有限公司生产，2021年6月，该动车组下线，6月25日，CR400BF-J型动车组在京哈高铁投入运营。2022年04月12日，CR400BF-J-0511与CR400AF-C-2214在郑渝高铁巴东至万州段进行了速度403km/h、相对速度806km/h的隧道内交会试验。2022年04月21日，CR400BF-J-0511与CR400AF-C-2214在济郑高铁河南浚县境内成功进行了速度435km/h，相对速度870km/h的交会试验，交会时间仅0.86秒。

图2-126　CR400BF-J型综合检测车

（4）CR300系列动车组-AF平台

CR300AF型动车组（见图2-127）是中车青岛四方机车车辆股份有限公司设计生产的高速铁路动车组，是中国标准动车组系列的成员之一。CR300AF采用了类似CR400AF型动车组的大红色色带外观配色，并采用了全新的头型，车鼻长度较CR400AF有所缩短。由于不设置商务座席，因此CR400AF驾驶室正面原有的两个副窗被取消，侧窗的位置也相应提高，且由狭长的梯形窗改为菱形窗。在后续制造的车辆上，原有银灰色底色被改为淡水蓝色，故得名为"海之蓝"。CR300AF动车组采用4M4T8辆编组的动力配置形式，最高运营速度250km/h，由两个基本动力单元组成，其中01、03、06、08车为拖车，02车、04车、05车、07车为动车。2018年9月，CR300AF样车制造完成下线。目前，配属在成都、广州、济南、南宁和昆明五个铁路局。

图2-127　CR300AF型动车组

（5）CR300系列动车组-BF平台

CR300BF型动车组（见图2-128）是中国标准动车组的成员之一，由长春轨道客车股份有限公司研发，长春轨道客车股份有限公司和唐山机车车辆有限公司生产制造，外号"温暖男"。设计最高运营速度250km/h，列车总长208.95m，车体最大宽度3.36m，车辆最大高度4.05m，列车总重431.3t，大型中空铝型材轻量化车体。CR300BF采用4M4T8辆编组的动力配置形式，由两个基本动力单元组成，其中01、03、06、08车为拖车，02车、04车、05车、07车为动车。2020年12月起，CR300BF陆续在全国投入运营，配属在上海、西安、兰州和郑州等铁路局。

图2-128　CR300BF型动车组

（6）CR200J系列动车组

CR200J型动车组是中国铁路复兴号家族的一款动力集中型动车组，外号"绿巨人"。由中车唐山公司、南京浦镇公司、大连机车车辆公司、青岛四方、株洲电力机车、大同电力机车等多家单位联合研制。

该动车组以株洲电力机车生产的HXD1G、大同电力机车生产的HXD3G型电力机车与南京浦镇公司生产的25T型客车为原型，通过灵活编组而成，最高运营速度为160km/h，可用于开行长途列车和中短途城际列车，适用于中国约十万公里的既有电气化铁路。

2021年6月25日，内电双源型动力集中型动车组正式在拉林铁路运营。2022年5月10日，中老铁路开通，使用车辆为CR200J动车组。截至2022年7月31日，已在京沪线、京九线、沪昆线、兰渝线、京广线、南昆线、拉林线、中老等多条铁路干线上投入运用。

CR200J动车组研发历程：

2015年8月，中国铁路总公司运输局下发通知强调："为进一步发挥既有线旅客列车开行效益，提高运输效率，铁路总公司组织相关单位进行技术研讨，按照机辆一体化的思路，研发时速160公里动车组。"《通知》中明确了该型动车组的动力方式、编组构成、适用范围和检修整备方式，要求各路局结合客运市场开发需要，研究测算"时速160公里动力集中型动车组"组数和每组编组内容，提出开行区段和对数的具体建议。

2017年4月，由中车唐山生产的首列样车正式下线。

2017年6月至2018年9月，由中车浦镇生产的25T车厢，也就是拖车组，先后在北京环行铁路、成渝铁路、兰渝铁路、兰新高铁、渝贵铁路、滨州铁路、哈佳铁路进行动态测试。

2018年9月，一列由株机制造动力车、大连制造动力车、10辆唐山制拖车和8辆浦镇制拖车等组成的推拉式列车编组，调往成都进行测试。

2018年11月28日，CR200J动车组获得由国家铁路局颁发的型号合格证和制造许可证，取得批量生产条件和商业运营资格。

2018年12月14日，HXD1B-0516牵引2辆"动集"量产动力车FXD1-J0006、0007自株洲出发，前往浦镇与配套拖车进行编组，并在12月18日与浦镇生产的6001车组实现编组。在FXD1型机车（原名HXD1G，见图2-129）基础上研制的动力车命名为FXD1-J型，在FXD3型机车（原名HXD3G）基础上研制的动力车命名为FXD3-J型，在HXD1D型机车基础上研制的动力车命名为FXD1D-J型，在FXN3型机车（原名HXN3K）基础上研制的动力车命名为FXN3-J型。

2019年1月5日，随着全国铁路实行新的运行图，CR200J动车组正式上线载客运营。

目前，CR200J系列动车组有短编组、长编组、双源型、跨国版、海外版、200km/h和300km/h型动车组，前四种为批量运营车型。

具体型谱见图2-130。

图2-129　CR200J系列动车组牵引车FXD1

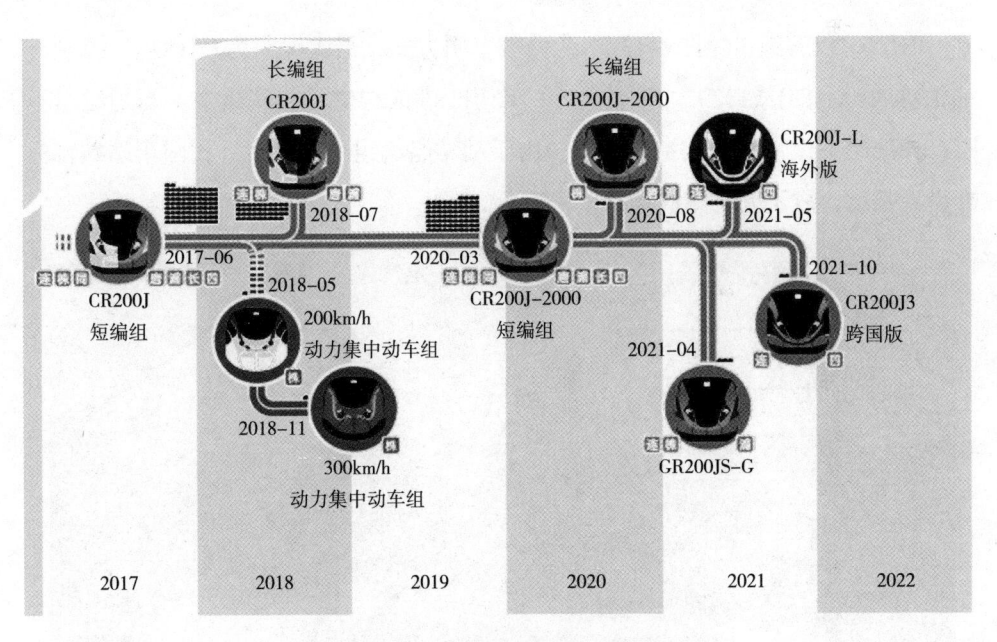

图2-130　CR200J系列动车组型谱

CR200J短编组动车组（见图2-131）为单端推拉式，最大编组为1M8T。整列编组由1辆复兴1型动力车FXD1-J或复兴3型动力车FXD3-J、1节带驾驶室的KZ25T型客车、7节不带驾驶室的25TA/25TB型客车组成。动力机车可在编组最前进行牵引运行，也可在编组尾端进行推行运行，短编组动集设计为可重联运行，列车编组除控制车为一等座车外,其余均为二等座车或二等座/餐车合造车。

图2-131 CR200J短编组动车组

CR200J长编组(见图2-132)为两端牵引方式,最大编组为2M18T,由2辆首尾相对的FXD1-J或FXD3-J型动力车,牵引18辆KZ25T型拖车组成。与短编组不同,长编组不设带有驾驶室的拖车,由于动车组编组长度已接近我国车站站台标准设计长度,故不允许重联运行。

图2-132 CR200J长编组动车组

CR200JS-G高原双源动力集中动车组（见图2-133）是中国国家铁路集团专门为拉萨到林芝铁路量身打造的一款动车组，具有内燃和电力双动力源，由内燃动力车、电力动力车和拖车编组而成，能够适应4000~5100m高海拔、长大隧道线路使用要求，在电气化和非电气化线路上贯通运行，最高速度160km/h，全列设一等、二等和商务车厢，定员755人。

图2-133　CR200J高原双源动车组

二、我国动车组配属

根据《铁路动车组运用维修规则》规定，我国动车组实行配属管理制度。《规则》第十九条：动车组须统一编号，新造出厂前由制造单位向总公司运输局申请。第二十条：动车组实行固定配属管理，配属工作由车辆部门负责。车辆部门应根据动车组运行图、车底交路、技术特点、维修生产需求，动车组运用所检修及存放能力，做好动车组配属工作。《规则》第二十一条：动车组配应遵循同一线路车型相对统一、同一车型定员基本一致、同一动车组用所担当尽量单一的原则。《规则》第二十二条：动车组新造配属及局间转属由总公司负责；局管内段配属及段间转属由铁路局负责；段管内动车组运用所配属及动车所间转属由动车段负责，报铁路局备案。

每年，中国铁路总公司根据铁道机车车辆与动车组的运用情况和客流的变化，在新建铁路开通运营、新造动车组投入运营、干线提速等时机，进行动车组运行图的调整，动车组的配属也会同步调整。

我国18个铁路局及地方铁路都设置有动车段或动车运用所，所有动车组都配属在这些动车段或动车运用所进行管理与维修。截至2022年7月，我国动车组的配属如下。动车组配属前10的路局分别是：上海铁路局配属动车组最多，涉及19种型号，共615个编组；广州铁路局次之，涉及17种型号，共534个编组；成都铁路局第3，涉及12种型号，共320个编组；南昌铁路局第4，涉及6个编组，共301个编组；北京铁路局第5，涉及21种，共299个编组；沈阳铁路局第6，涉及6种型号，共204个编组；武汉铁路局第7，涉及8种型号，共189个编组；济南铁路局第8，涉及6种型号，共174个编组；西安铁路局第9，涉及6种型号，共137个编组；南宁铁路局第10，涉及3种型号，共139个编组。具体配属情况见表2-5～表2-20。

表2-5 中国铁路广州局集团有限公司动车组配属一览表（截至2022年7月）

车型	潮汕	佛山城际	佛山客专	广州东	广州南	广珠	海口城际	惠州	三亚	深圳	长沙城际	长株潭	中堂	未配属至动检所	汇总
CJ6	—	—	—	—	—	—	—	—	—	—	15	—	—	—	15
CR200J	—	—	—	—	—	—	—	—	—	—	—	—	—	4	4
CR300AF	—	—	—	—	8	—	—	—	5	9	—	—	—	—	22
CR400AF	—	—	—	—	28	—	—	—	—	34	3	—	—	—	65
CR400AF-A	—	—	—	—	14	—	—	—	—	17	19	—	—	—	50
CR400BF	—	—	—	—	10	—	—	—	—	—	—	—	—	—	10
CRH1A	—	—	31	22	—	—	—	—	—	—	—	—	—	—	53
CRH1A-A	42	—	—	—	—	—	—	—	21	—	—	—	—	—	63

续表

车型	潮汕	佛山城际	佛山客专	广州东	广州南	广珠	海口城际	惠州	三亚	深圳	长沙	长沙城际	长株潭	中堂	未配属至动检所	汇总
CRH2A	—	14	32	—	12	—	—	—	—	—	3	—	—	—	—	61
CRH2E	—	—	—	—	6	—	—	—	—	—	—	—	—	—	—	6
CRH380A	—	—	—	—	1	—	—	—	—	—	—	—	—	—	—	1
CRH380AL	—	—	—	—	13	—	—	—	—	—	—	—	—	—	—	13
CRH380B	—	—	—	—	3	—	—	—	—	—	39	—	—	—	—	42
CRH3C	—	—	—	—	—	—	—	—	—	—	33	—	—	—	—	33
CRH6A	—	17	—	—	—	26	—	12	—	—	1	—	—	6	—	62
CRH6F	—	—	—	—	—	—	3	—	—	—	3	—	5	3	—	14
CRH6F-A	—	—	—	—	—	—	9	—	—	—	6	—	—	—	—	15
总计	42	31	63	22	95	26	12	12	26	60	107	15	5	9	4	529

表2-6 中国铁路上海局集团有限公司动车组配属一览表（截至2022年7月）

车型	艮山门	杭州	合肥南	南京	南京南	南通	南翔	上海虹桥	上海南	徐州东	未配属至动检所	汇总
CR200J	—	—	—	—	—	—	—	—	—	—	12	12
CR300BF	—	—	—	—	27	—	—	—	—	—	—	27
CR400AF	—	—	—	—	—	—	—	15	—	—	—	15
CR400BF	—	—	—	—	49	—	—	42	—	—	—	91
CR400BF-A	—	—	—	—	15	—	—	31	—	—	—	46

续表

车型	动检所										
	艮山门	杭州	合肥南	南京	南京南	南通	南翔	上海虹桥	上海南	徐州东	未配属至动检所	汇总
CR400BF-B	—	—	—	—	—	—	14	—	—	—	14
CR400BF-BZ	—	—	—	—	—	—	—	2	—	—	—	2
CRH1B	10	—	—	—	—	—	14	—	—	—	—	24
CRH1E	—	—	—	—	—	—	—	20	—	—	—	20
CRH2A	—	—	—	—	—	21	—	—	37	7	—	65
CRH2B	—	—	—	5	—	5	—	—	—	—	—	10
CRH2C	—	—	—	57	—	—	—	—	—	—	—	57
CRH380B	—	—	49	—	—	—	—	—	—	31	—	80
CRH380BL	26	—	14	—	—	—	8	21	—	9	—	78
CRH380CL	—	—	—	—	—	—	—	—	—	12	—	12
CRH380D	—	—	—	—	—	—	47	—	—	—	—	47
CRH6A	—	—	—	—	—	—	—	—	2	—	—	2
CRH6F	—	2	—	—	—	—	—	—	4	—	—	6
CRH6F-A	—	4	—	—	—	—	—	—	—	3	—	7
总计	36	6	63	62	91	26	89	125	43	62	12	615

表2-7 中国铁路北京局集团有限公司动车组配属一览表（截至2022年7月）

车型	动检所								
	北京	北京北	北京南	北京西	曹庄	朝阳	石家庄	雄安	未配属至动检所	汇总
CR200J	—	—	—	—	—	—	—	—	7	7
CR400AF	—	—	7	6	—	—	18	6	—	37
CR400AF-B	—	—	12	—	—	—	—	—	—	12
CR400AF-BZ	—	—	2	—	—	—	—	—	—	2

续表

车型	动检所									汇总
^	北京	北京北	北京南	北京西	曹庄	朝阳	石家庄	雄安	未配属至动检所	^
CR400AF-C	—	—	—	—	—	—	—	1	—	1
CR400AF-G	—	—	—	—	—	3	—	—	—	3
CR400AF-Z	—	—	2	—	—	—	—	—	—	2
CR400BF	—	6	2	—	35	—	—	—	—	43
CR400BF-A	—	—	9	—	4	—	—	7	—	20
CR400BF-C	—	3	—	—	—	—	—	—	—	3
CR400BF-G	—	15	4	—	—	33	—	—	—	52
CR400BF-GZ	—	—	—	—	—	6	—	—	—	6
CR400BF-Z	—	—	4	—	—	—	—	—	—	4
CRH2E	—	—	18	—	—	—	—	—	—	18
CRH380AL	—	—	—	8	—	—	8	—	—	16
CRH380B	—	—	3	—	16	—	—	—	—	19
CRH380BL	—	—	1	—	11	—	—	—	—	12
CRH380CL	—	—	13	—	—	—	—	—	—	13
CRH5A	6	9	—	2	—	—	5	—	—	22
CRH6A	—	—	—	5	—	—	—	—	—	5
CRH6F-A	—	6	—	—	—	—	—	—	—	6
总计	6	39	77	21	66	42	31	14	7	303

表2-8 中国铁路成都局集团有限公司动车组配属一览表（截至2022年7月）

车型	动检所					汇总
^	成都东	贵阳北	重庆北	重庆西	未配属至动检所	^
CR200J	—	—	—	—	3	3
CR300AF	—	21	—	—	—	21
CR400AF	—	—	—	14	—	14

169

续表

车型	动检所					汇总
	成都东	贵阳北	重庆北	重庆西	未配属至动检所	
CR400AF-Z	—	—	—	1	—	1
CRH1A	20	—	—	—	—	20
CRH2A	—	16	25	12	—	53
CRH380A	30	21	4	3	—	58
CRH380AL	5	—	—	—	—	5
CRH380AN	1	—	—	—	—	1
CRH380D	17	21	—	—	—	38
CRH3A	59	—	—	—	—	59
CRH3C	—	—	36	11	—	47
总计	132	79	65	41	3	320

表2-9 中国铁路南昌局集团有限公司动车组配属一览表（截至2022年7月）

车型	动检所							汇总
	福州	福州南	龙岩	南昌	南昌西	厦门北	未配属至动检所	
CR200J	—	—	—	—	—	—	12	12
CRH1A	21	17	—	—	—	17	—	55
CRH1A-A	—	24	—	—	—	—	—	24
CRH2A	—	3	25	20	20	18	—	86
CRH380A	—	26	—	—	71	13	—	110
CRH380AL	—	—	—	—	—	14	—	14
总计	21	70	25	20	91	62	12	301

表2-10 中国铁路沈阳局集团有限公司动车组配属一览表（截至2022年7月）

车型	动检所					汇总
	大连	沈阳北	沈阳南	长春	长春西	
CR400BF	—	1	—	—	—	1

续表

车型	动检所					
	大连	沈阳北	沈阳南	长春	长春西	汇总
CR400BF-G	—	15	4	13	—	32
CRH380BG	28	31	5	35	—	99
CRH3A	—	—	—	2	—	2
CRH5A	—	15	—	26	—	41
CRH5G	—	9	14	—	2	25
总计	28	71	23	76	2	200

表2-11 中国铁路济南局集团有限公司动车组配属一览表（截至2022年7月）

车型	动检所				
	济南	济南东	青岛	青岛北	汇总
CR300AF	—	6	—	11	17
CR400AF	—	13	7	—	20
CR400AF-A	—	14	5	—	19
CRH2A	—	—	33	—	33
CRH380B	28	—	—	29	57
CRH380BL	13	—	—	15	28
总计	41	33	45	55	174

表2-12 中国铁路郑州局集团有限公司动车组配属一览表（截至2022年7月）

车型	动检所		
	郑州东	郑州南	汇总
CR300BF	8	—	8
CR400BF-A	8	—	8
CRH380A	—	8	8
CRH380AL	—	12	12
CRH380B	47	—	47
CRH380BL	21	—	21

续表

车型	动检所		
	郑州东	郑州南	汇总
CRH6A	8	—	8
总计	92	20	112

表2-13　中国铁路武汉局集团有限公司动车组配属一览表（截至2022年7月）

车型	动检所			
	汉口	武汉	襄阳	汇总
CR400AF	—	30	—	30
CR400AF-A	—	8	—	8
CRH2A	22	26	—	48
CRH2B	17	—	—	17
CRH380A	—	—	11	11
CRH380AL	—	25	8	33
CRH5A	28	—	—	28
总计	67	89	19	175

表2-14　中国铁路西安局集团有限公司动车组配属一览表（截至2022年7月）

车型	动检所		
	西安北	未配属至动检所	汇总
CR200J	—	5	5
CR300BF	28	—	28
CRH2G	3	—	3
CRH380AL	20	—	20
CRH380B	69	—	69
CRH380BL	10	—	10
总计	130	5	135

表2-15　中国铁路兰州局集团有限公司动车组配属一览表（截至2022年7月）

车型	动检所			
	兰州西	银川	未配属至动检所	汇总
CR200J	—	—	2	2
CR300BF	—	3	—	3
CRH380B	27	12	—	39
CRH5G	23	6	—	29
总计	50	21	2	73

表2-16　中国铁路哈尔滨局、南宁局集团有限公司动车组配属一览表（截至2022年7月）

车型	动检所			
	哈尔滨	桂林	南宁	汇总
CR300AF	—	—	5	5
CRH2A	—	39	55	94
CRH380A	—	—	40	40
CRH380BG	58	—	—	58
CRH5A	22	—	—	22
CRH5G	12	—	—	12
总计	92	39	100	231

表2-17　中国铁路呼和浩特局、太原局集团有限公司动车组配属一览表（截至2022年7月）

车型	动检所		
	呼和浩特	太原	汇总
CJ5	2		2
CRH2A	—	20	20
CRH380A	—	38	38
CRH5A	12	15	27
总计	14	73	87

表2-18 中国铁路昆明局集团有限公司动车组配属一览表（截至2022年7月）

车型	动检所		
	昆明	未配属至动检所	汇总
CR200J	—	3	3
CR300AF	2	—	2
CRH2A	30	—	30
CRH2G	26	—	26
CRH380A	53	—	53
总计	111	3	114

表2-19 中国铁路青藏、乌鲁木齐局集团有限公司动车组配属一览表（截至2022年7月）

车型	动检所		
	西宁	乌鲁木齐	汇总
CRH5E	—	2	2
CRH5G	6	12	18
总计	6	14	20

表2-20 其他铁路公司动车组配属一览表（截至2022年7月）

车型	动检所				
	成都市域铁路 成都东	广东城际铁路 龙塘	金台铁路 台州	香港铁路有限公司 石岗	阳大铁路 阳泉东
CRH380A	—	—	—	9	—
CRH6A	—	8	—	—	—
CRH6A-A	21	—	—	—	—
CRH6F-A	—	—	2	—	3
总计	21	8	2	9	3

第三章

高速动车组关键技术

▶ 动车组技术发展研究

高速动车组需要具备一些特点。从乘客乘坐方面来说，高速动车组通常要具有智能、高速、安全性高、气密性好、振动小、噪声小、纵向冲击小、防火等级高和舒适的特点。从运营检修方面来说，要求高速动车组重量轻、节能环保、运行阻力小、对线路破坏作用小、维修工作量小、故障率低、运营成本低。

为满足这些性能要求，高速动车组集国内众多研发力量，采用了大量新技术、新材料、新工艺和新产品。这些新技术体系涵盖了机械、冶金、电力电子、化工、材料、信息、互联网、生物工程和环境工程等多个技术领域，也在国内开发了和培养了原材料和系列零部件的配套生产厂家。为了便于理解，我们通常将高速动车组技术体系总结为"九大关键技术"和"十大配套技术"，它们是高速列车系统的技术核心。高速动车组九大关键技术如图3-1所示。

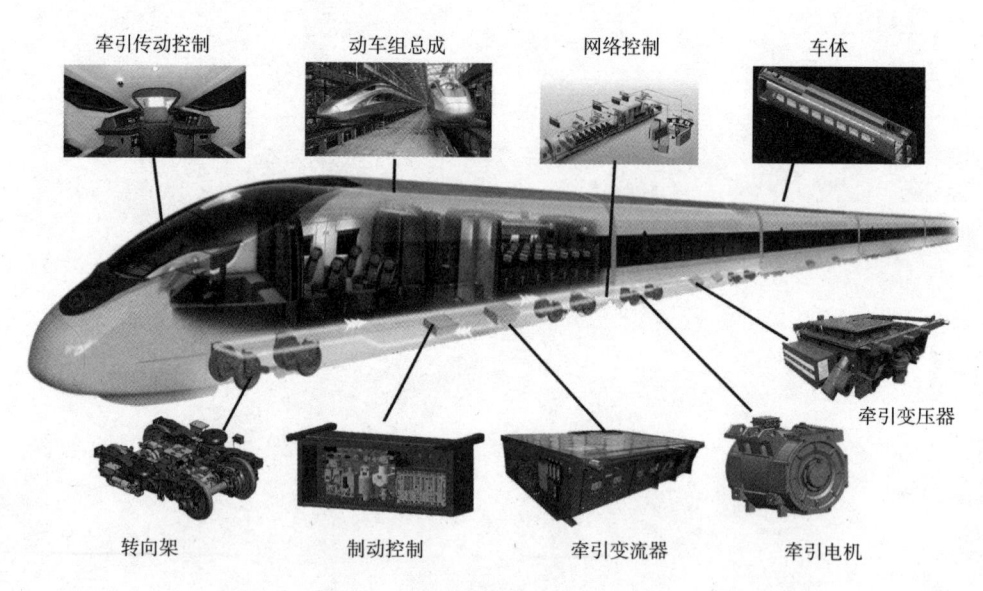

图3-1 高速动车组九大关键技术

一、动车组总成

高速动车组总成技术包括总体技术参数和条件、各系统匹配关系、设备布置、性能参数优化、工艺性能优化、组装调试技术和试验验证方案。在总体设计技术条件下，对动车组车体、转向架、牵引传动系统、车端连接装置、制动系统、辅助供电系统和列车控制网络系统等子系统或部件，按有关参数进行合理选择、设计、匹配和优化，充分考虑动车组结构、材料轻量化技术、大功率电传动和驱动技术以及弓网关系和高速受流技术，并确定各子系统间的接口关系。在生产、组装、测试和试验等过程实时进行优化调整，最终完成动车组整体集成。动车组总体技术使车辆动力学、列车空气动力学、牵引制动性能、车内环境、安全性等基本性能得到融合。动车组总体技术需要确定的各子系统之间的接口关系有以下几种。

1.轮轨关系接口

轮轨关系接口，包括：轮轨材料和轮轨表面硬度值；车轮踏面轮廓类型；车轮表面缺陷允许值；轨距和车轮内侧距的具体值；道岔类型；线路平纵断面值、线路刚度和线桥过渡段刚度变化值；线路不平顺的控制值，详见图3-2。

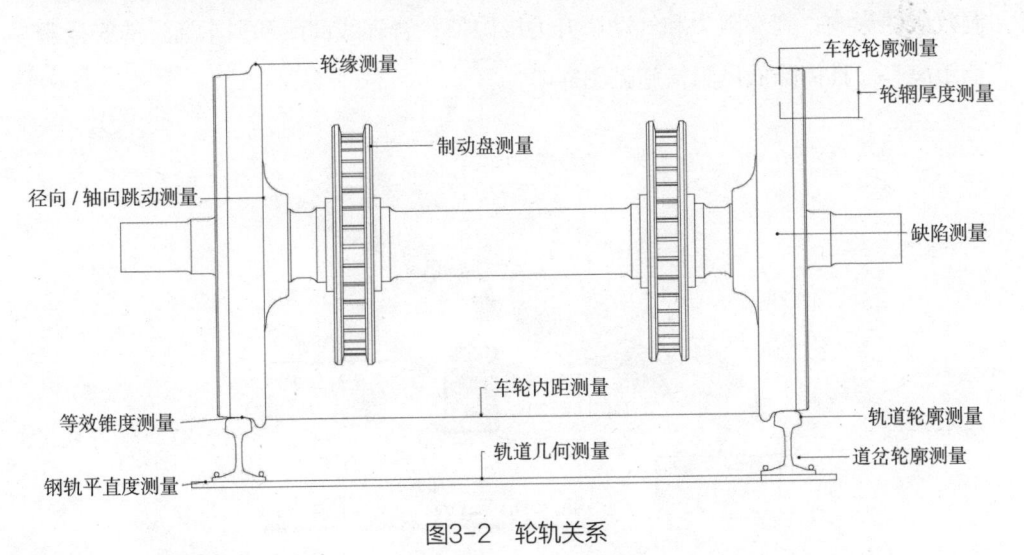

图3-2 轮轨关系

2.弓网关系接口

弓网关系接口，包括：线路接触网类型、接触网波速和张力；接触网吊弦布置和接触线不平顺的控制值；研究400km/h以上运行速度的高速受电弓动力学参数，研制满足气动性能、阻力要求和噪声要求的高速受电弓，详见图3-3。

图3-3 动车组弓网关系

3.流固耦合关系接口

保证列车安全运行的环境风控制范围；隧道的断面、洞口的形状和尺寸等风洞效应的影响；列车阻力和气动尾升力极限值；合理线间距和列车通过的安全避让距离等。具体降低风阻措施见图3-4。

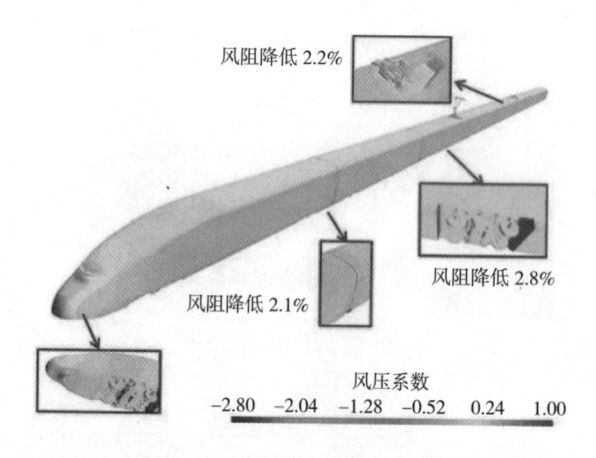

风阻降低 2.2%
风阻降低 2.8%
风阻降低 2.1%
风压系数
−2.80 −2.04 −1.28 −0.52 0.24 1.00

图3-4 动车组降低风阻的措施

4.机电耦合关系接口

机电耦合关系接口，确定引发牵引供电网电压振荡的临界条件和设计综合解决方案，研究谐振抑制技术和控制装置；根据线路条件和动车组状态，合理给出满足高速动车组3min跟踪间隔需求的牵引供电系统总体参数。

5.环境耦合关系接口

环境耦合关系接口，确定高速动车组的噪声和噪声声强控制值，提出高速铁路声屏障和隧道吸音材料的性能参数要求。动车组噪声模拟仿真模型见图3-5。

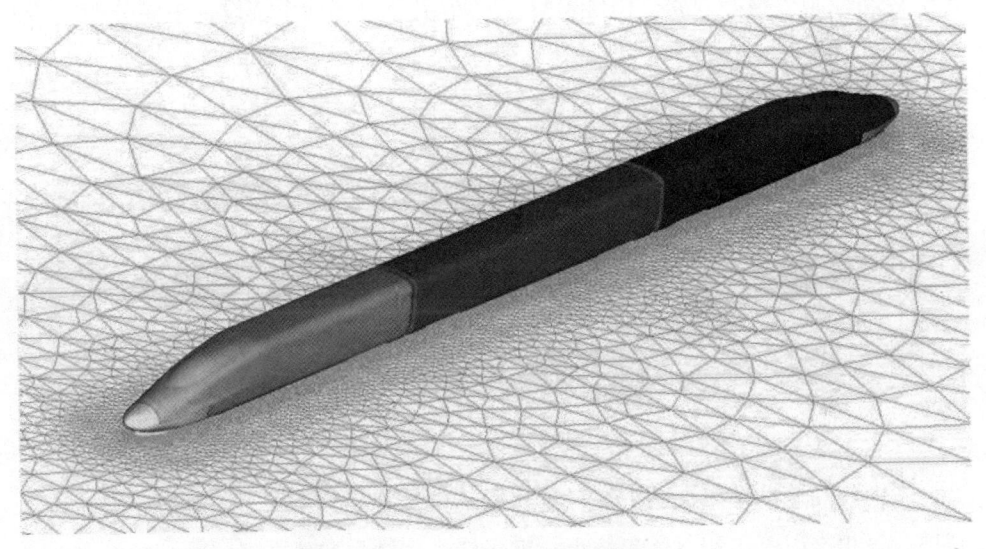

图3-5　动车组噪声模拟仿真模型

二、牵引传动控制系统

牵引传动系统是高速动车组的原动力。有实验证明，高速动车组在高速区运行时的基本阻力主要是空气阻力，而基本阻力与速度的平方成正比，所需功率与速度的三次方成正比。高速动车组运行速度在300km/h以上时，空气阻力已占到总阻力的90%以上，所需牵引功率是100km/h级列车的15倍以上。因此，高速动车组的牵引传动系统必须向大功率、重量轻、体积小、可靠性高、新技术、高密度功率集成和低成本方向发展。也决定了高速列车的牵引控制传动系统必然采用先进的交-直-交传动系统和变频变压控制。为了保障列车安全运行，在设计动车组牵引传动系统时，建立牵引传动系统仿真模型，提升和优化牵引系统各元件之间的性能，提升动车组的牵引能力的关键是在列车运行阻力可以预测的情况下，提升牵引系统核心元件的功率容量。因此，我们必须发展牵引系统核心元件关键技术。

通常，牵引传动控制系统主要包括牵引变流器、牵引变压器、牵引电动机及牵引传动控制等核心设备。CR400AF型动车组牵引传动系统设备主要分布在2~7号车，具体见图3-6。

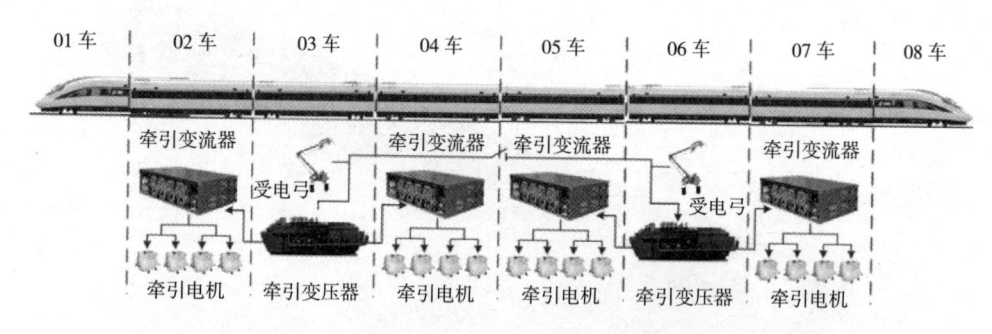

图3-6 CR400AF型动车组牵引传动系统组成

考虑到高速动车组大功率、轻量化以及再生制动等需求，一般使用交流传动系统。异步牵引电机相对体积较小、重量轻，在转向架的有限安装空间内可以设置较大的功率；可以在静止状态下发出满转矩，具有较好的启动性能；对运用环境适应性较好，可降低维修费用；具有陡峭的机械特性，有利于空转以及滑行的抑制；另外，交流传动可以通过改变异步电动机的转差符号，完成电动机到发电机的转变，实现再生制动，达到节能以及减少制动闸片磨耗的效果。

图3-7清楚地显示了动车组电能到动能的传递过程：25kW/50Hz单相交流电源从接触网经受电弓、高压设备箱接入动车组主供电电路中，通过牵引变压器将25kW高压电降压到1900V后供给牵引变流器。牵引变流器一方面将牵引变压器

输入的单相交流电转换为驱动电机旋转的三相交流电，输送给牵引电机，从而使动车组运行；另一方面，通过牵引变流器中集成的辅助逆变器，将输入电源转变为供车厢空调、电茶炉、电源插座、照明、冷却风机和蓄电池等辅助设备使用的380V/50Hz三相交流电、220V/50Hz单向交流电和110V直流电。我们乘坐动车组时，座位上用来给手机充电的插座电源就源于此。复兴号动车组商务座控制面板见图3-8。

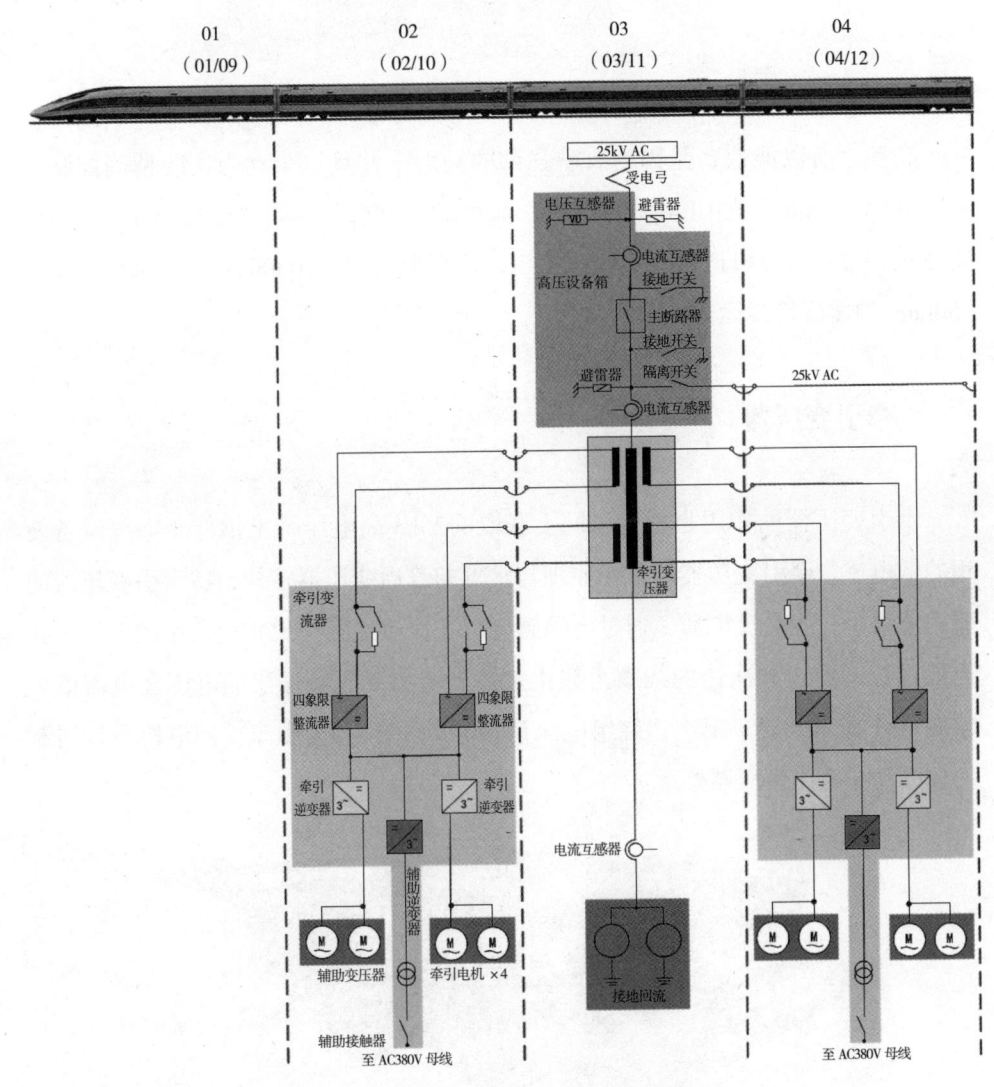

图3-7　CR400AF动车组牵引控制系统原理图

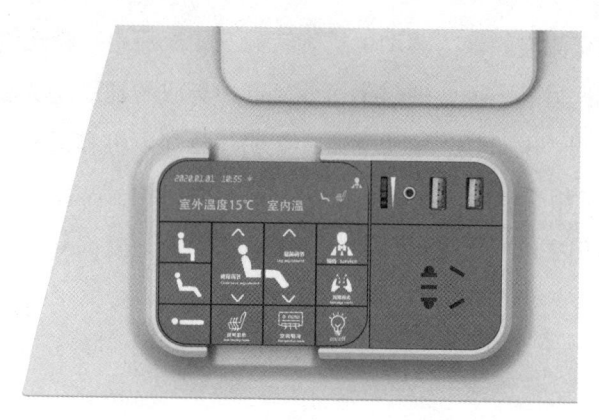

图3-8 复兴号动车组商务座控制面板

高铁之所以能快，是因为有着强劲的动力，并且这个动力还能精确控制。以一列8节车厢编组的CR400BF型复兴号动车组为例，该动车组安装了4台牵引变流器对16台牵引电机进行直接转矩控制，整车牵引功率10400kW，可以让列车以350km/h的速度持续运行。

1.牵引变压器

牵引变压器的作用是把接触网上获取的25kV高电压降至供低压电气设备使用的低电压。牵引变压器的工作原理与常见的普通变压器一样，在牵引变压器的原边绕组中产生交流磁通，通过电磁感应，在次边中感应出相应大小的电压。我们通过控制原边和次边的线圈匝数比来控制牵引变压器输出的电压和电流值。CR400AF复兴号动车组次边绕组电压是1900V。图3-9为中车株洲电机设计研制的标准动车组主变压器外形。

图3-9 中车株洲电机设计研制的标准动车组主变压器外形

CR400AF型动车组牵引变压器分解图（图3-10）中，包括了给牵引变压器冷却的风机、温度传感器、油泵和油冷却器等部件。对于电气设备而言，当连续工作较长时间后，发热会很严重。如果电气设备工作产生的热量没有得到及时处理，电气设备将很有可能异常工作。牵引变压器在工作时会产生巨大的热量，因此为了保证牵引变压器不会因为发热出现安全等问题，对变压器进行冷却及温度检测是必需的。变压器冷却主要通过油冷却器、电动油泵及散热风机实现，通过油循环起到散热作用。变压器油温检测主要通过温度传感器及温度继电器实现，当检测到的变压器油温过高时，将产生油温报警信号或实现自动保护。为了防止变压器油箱内部出现某种故障，使变压器冷却油压力急剧增大进而导致油箱破裂或爆炸，在油箱端部设置了压力释放阀，又称泄压阀。当冷却油箱内部压力达到设定值时，压力释放阀能迅速开启释放压力，将油箱中的油气排到车下；当压力下降并恢复正常时，压力释放阀阀口关闭。日常检修过程中，需要检验该阀动作压力。

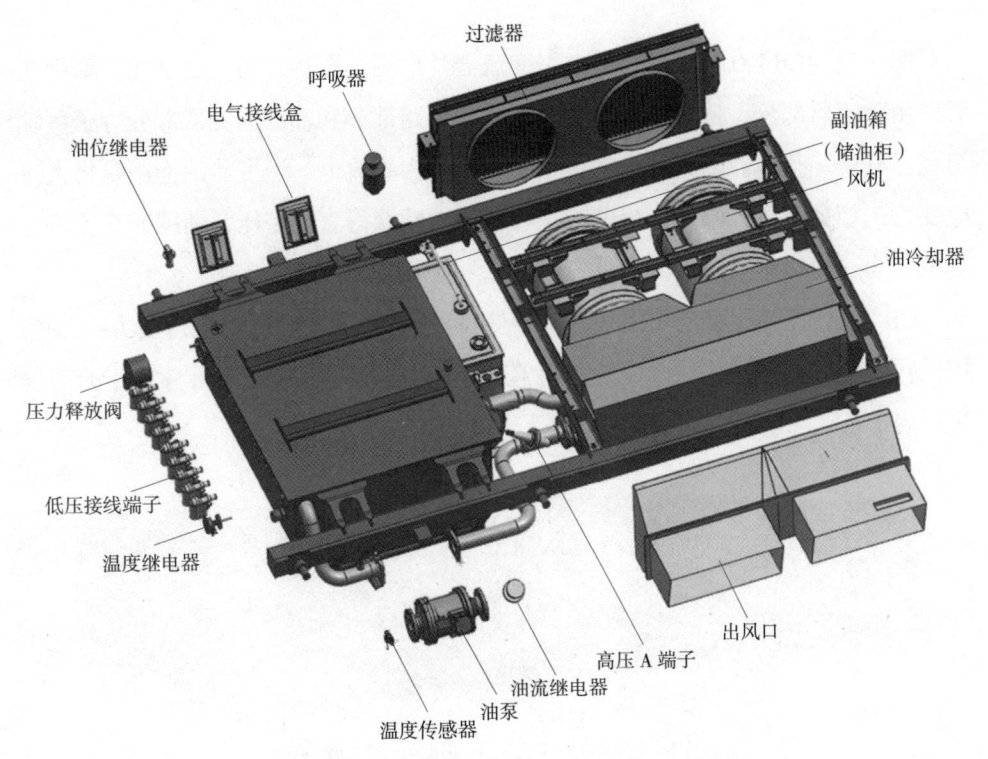

图3-10　CR400AF型动车组牵引变压器分解图

2.牵引变流器

牵引变流器是将牵引变压器转换输出的单相交流电压进行整流,逆变为牵引电机所需要的电源的装置,为高速列车提供动力源和动力控制装置,是高速动车组牵引系统的核心。

因为运营的高速动车组多采用动力分散配置,对于动力的控制难度就会更大,它要求各车的牵引变流器步调统一地执行司机的操作,实现牵引功能。作为牵引系统的控制核心,牵引变流器需要实现以下功能:同步执行司机的操作命令,及时作出响应;保证牵引变流器之间的牵引力控制精度,保证整列车的步调一致,以及高速运行过程中的平稳舒适;车辆进行合理的黏着控制,防止空转发生,并且控制牵引力施加的速率,车辆的瞬间加速度不会过大,不会产生过冲;实现牵引系统的各项保护功能;实现过分相发电以及无火回送发电功能;响应网络控制的恒速功能;在实现以上功能的同时,需要确保车辆的电磁兼容性能。

图3-11为CR400AF型动车组牵引变流器外形图,图3-12为其分解图,牵引变流器由整流器部分、逆变器部分、中间直流电路部分和辅助逆变器部分等子系统组成。其中,整流器的作用是将单相交流电变为直流电,逆变器的作用是将直流电变为三相交流电,中间直流电路吸收电压波动获得直流定压,辅助逆变器将直流电变为三相交流电以供辅助设备使用。

CR400AF型复兴号动车组每台牵引变流器包括2个整流模块,2个牵引逆变模块,1个辅助逆变模块和1个传动控制单元。其中,将辅助逆变单元集成于牵引变流器内部。

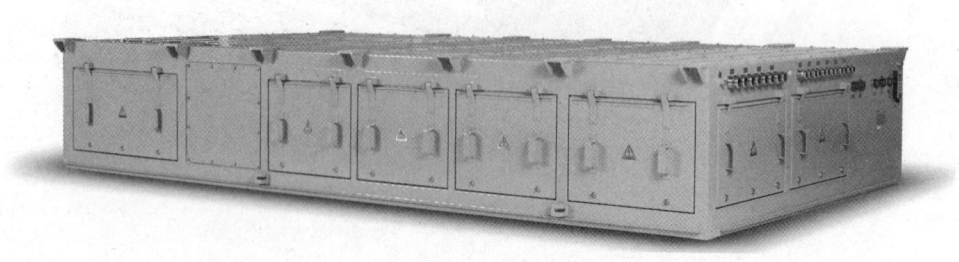

图3-11 CR400AF型动车组牵引变流器外形图

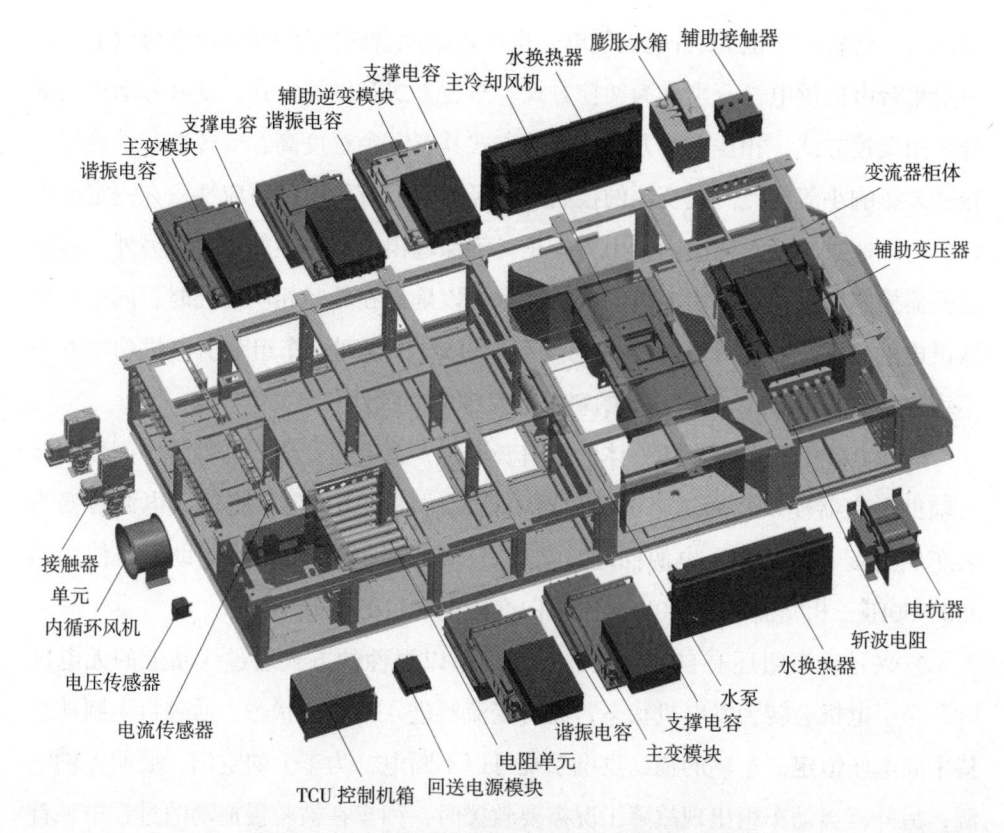

图3-12　CR400AF型动车组牵引变流器分解图

牵引控制单元（TCU控制机箱）则相当于牵引变流器的"大脑"，它根据列车网络系统发出的控制指令控制了整流、逆变模块中的IGBT连续处于打开、关断的状态，实现能量由变压器二次侧到电机、辅助负载的"搬运"，实现最基本的车辆牵引、调速以及再生制动等功能。同时对牵引变流器各个部分的工作状态进行监控，在异常工作情况下进行自动保护等。

牵引变流器主变模块包括整流与逆变两个子模块，整流模块主要将牵引变压器二次绕组侧输出的1900V/50Hz交流电压整流为牵引变流器中间回路直流电压。它可以控制能量双向流动：动车组牵引运行时，将牵引变压器二次侧绕组输出的单相交流电转换成直流。

主变模块中的逆变子模块主要将中间直流回路电压逆变为三相交流电。牵引逆变器的输出电源电压与频率都是可变的，电压与频率的大小决定了电机转速的大小，从而也决定了高速列车运行的速度；根据控制方式不同，单台逆变模块可以给一台转向架上的2台电机供电，也可以给两台转向架上的4台电机供电或者只给单台电机供电，分别称为架控方式、车控方式和轴控方式。复兴号动车组部分采用架控方式，相比车控方式，架控方式具有冗余程度高、空转抑制性能好、轮径差影响小等优点。逆变器的控制对轮径的偏差有一定的适应性，在一定范围内，可以通过轮径对输出的牵引力校正，确保输出牵引特性的一致。另外，通过逆变器控制以及控制牵引电机的一致性，可以确保在轮径相同情况时，同一逆变器供电的牵引电机功率发挥不均匀度不超过5%，整列动车组牵引电机功率发挥不均匀度不超过8%，确保各车的牵引力发挥的一致性。

CR400AF型动车组主辅一体的牵引变流器，在牵引变压器的直流中间环节接入辅助逆变器模块，通过牵引变流器中集成的辅助逆变器，将输入电源转变为供车厢空调、电茶炉、电源插座、照明、冷却风机和蓄电池等辅助设备使用的380V/50Hz三相交流电、220V/50Hz单向交流电和110V直流电。

复兴号动车组还有自发电功能：当列车以惯性的方式通过线路上的无电区时，牵引电机会转为发电机状态，此时变流器进入微制动状态，通过再生制动维持中间电压恒定，车辆的辅助供电系统可以不断电，为车上的空调、照明提供电源；另外，当动车组出现故障工况需要救援时，列车在被救援拖动的过程中，首先通过车载蓄电池升压给变流器建立起一定大小的中间电压，然后给牵引电机励磁之后，电机进入再生制动状态，变流器也能保持辅助供电不断。列车的"自发电"大大提高了乘坐舒适性。

除了前面提及的主要组成部分之外，和牵引变压器一样，牵引变流器也配备了冷却装置。牵引变流器的冷却系统为水冷系统，经过进水管将冷却水送入需要冷却的水冷板，经过出水管将冷却后的水送回水冷装置冷却。

3.牵引电动机

现代机车车辆、动车组绝大多数采用三相交流异步牵引电动机，与直流电机相比其有许多优点，如重量轻、运用可靠、结构简单、相同尺寸的情况下可实现功率大、使用寿命长、维修方便、自我抑制空转的性能较好。

2015年，株洲电力机车研究所攻克了另一种牵引电机技术——永磁同步牵引电机技术，可实现高转矩密度，可抛开齿轮箱，实现电动机直接驱动轮对转动。与主流带齿轮箱的异步牵引电机相比，具有重量轻、噪声小、损耗低、无泄漏等优点，代表了未来牵引电机的发展方向。

牵引电机的作用是将牵引变流器中的逆变器模块中输出的电能转化为机械能，并通过传动机构带动车轮对旋转，从而带动列车前进，实现牵引的功能。

无论是和谐号CRH系列还是复兴号CR系列动车组，它们使用的牵引电机类型都是三相异步电机，图3-13为复兴号CR400AF动车组牵引电机外形。除CRH5系列动车组的牵引电机安装在车底外，其余动车组的牵引电机安装于转向架上。牵引电机在性能结构上，能适应雨、雪、风、沙、冰雹等各种气候条件，具有较强的抗腐蚀能力。牵引电机在运用过程中，电机转子、定子等会产生大量的热量，导致电机零部件温度升高，因此，如同牵引变压器、牵引变流器等大功率电气设备一样，牵引电机也有一套专属的冷却系统。动车组每一个车厢车底上安装有两套牵引电机冷却系统，分别给每一台转向架上的两台牵引电机进行散热。

图3-13 CR400AF动车组牵引电机外形图

即便牵引电机配置了专用的冷却系统，对牵引电机温度的实时监测也是必不可少的，为此，牵引电机上安装了温度传感器。此外，在每台电机的非传动端，还分别安装了一个速度传感器。速度传感器电缆通过电连接器与车上相关装置连接，为列车速度控制、通信等功能提供速度反馈信号。

牵引电机输出的转矩，并非直接作用在动车组转向架轮对上，而是需要经过机械驱动装置——联轴节和齿轮箱实现电能到机械能的转换，牵引电机通过联轴节与齿轮箱的小齿轮连接，小齿轮与大齿轮啮合从而带动车轮旋转，轮轨间产生向前的摩擦力带动车辆向前运行。

图3-14为CR400AF型动车组动车轮对分解图，图3-15为该动车组动齿轮箱分解图。

在牵引系统中，因为转速和转矩乘积是基本不变的，大齿轮比小齿轮的转速低，所以大齿轮转矩更大，黏着利用率高。联轴节大量运用在机电传动中，是用来传递扭矩的一种装置，可以安装在电机与齿轮箱之间、齿轮箱与传动轴之间，带有弹性，可以联接轴向、径向、角向位移有滑移的两轴线，并实现缓冲与补偿。

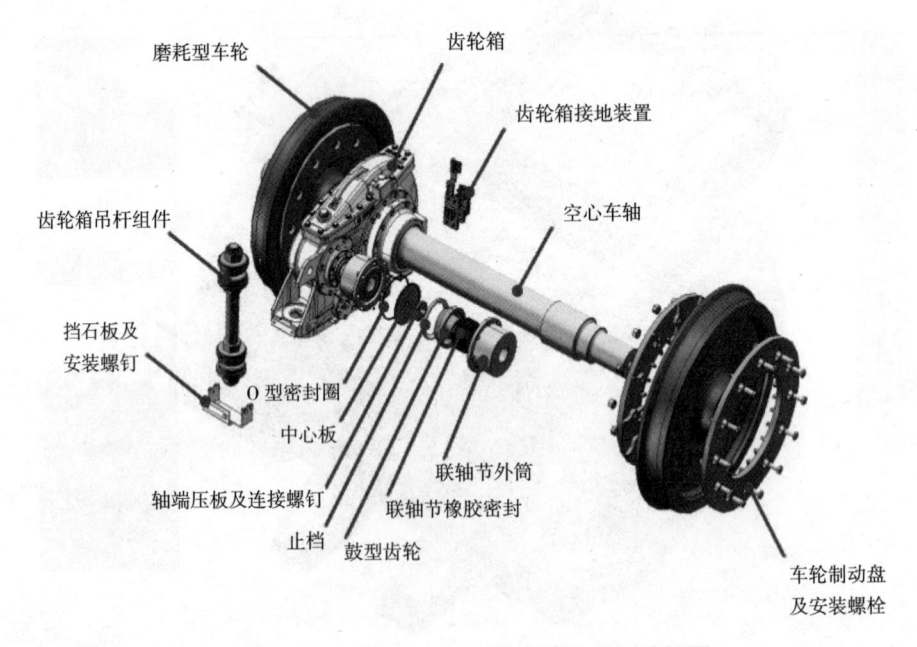

图3-14　CR400AF型动车组动车轮对分解图

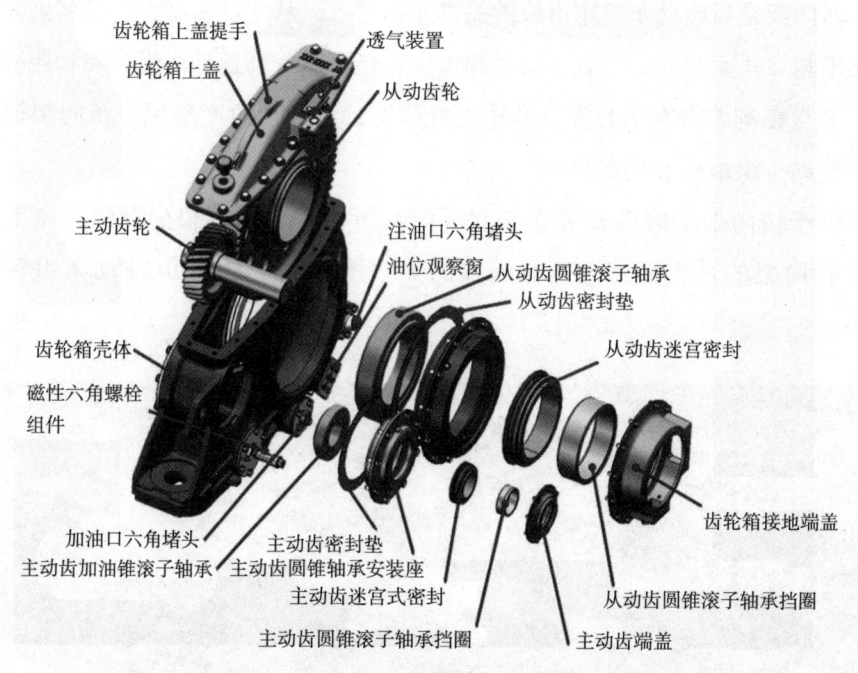

图3-15　CR400AF型动车组动齿轮箱分解图

三、动车组转向架

1. 安装位置和外观

高速动车组可以跑得又快又稳，与它拥有一个性能优良的走行部——转向架有很大的关系。如果把列车比作一个人，转向架就好比是人的两条腿。高速动车组每节车厢一般都有两个转向架，分别位于高速动车组的两端下部，这是世界上各型高速动车组最常用的方式。但也有例外，法国有的TGV高速动车组转向架就与这种方式不同：有部分转向架位于两辆车厢之间，由两辆车厢共享一个转向架，这种转向架称作铰接式转向架。

转向架是高速动车组跑得快的关键元件之一，从速度来看，它是名副其实的"飞毛腿"。而实际上，它不仅要跑得快，还要承受高速动车组车厢和旅客的重量，并且影响着旅客出行安全和乘坐舒适度，从这个角度来说，转向架被认为是高速动车组最核心的部件。

由于转向架平时都安装在车厢下面，所以普通乘客很少看到转向架的全貌，转向架的真实面貌究竟是怎样的呢？图3-16为CR400AF动车组转向架实物。

图3-16 CR400AF动车组转向架实物

高速动车组转向架通常分为动力转向架与非动力转向架两种，动力转向架上安装有牵引电动机和齿轮传动箱，非动力转向架则无牵引驱动装置。它们分别安装在动车和拖车的车底。动车转向架和拖车转向架都具备制动、转向、承载和减振等功能。

为保证列车的高速运行，高速动车组的转向架设计结构与普通列车转向架是有所区别的，不同速度等级的转向架，构架的强度与刚度、振动频率、轮对踏面几何形状、轴箱转臂组成、悬挂装置都是有区别的。当然，为了节能，高速动车组转向架在确保运行安全和速度的前提下质量越轻越好。因此，高速动车组转向架通常采用两轴配置且轻量化简洁布置。

2.主要功能

在高速飞驰的列车上，转向架处于轨道和车体之间，它的任务就是承载车体和乘客的重量，引导列车沿着轨道运行，并把加速力和减速力传递给车体，保证列车在高速状态下依然具备良好的稳定性和安全性，同时尽可能降低轨道和车轮传递给车体的动态激扰，提高旅客的乘坐舒适度。因此，从专业角度来说，转向架主要具有导向、承载、牵引、制动、减振和缓冲等多种功能。

（1）导向

大家都知道，轨道车辆是没有方向盘的，那么，作为列车的走行部，转向架是如何完成导向并使车辆沿着已经铺设好的轨道线路行驶的呢？

这就和轮对的绝妙设计有关了。轨道车辆实现导向需要具备基本三个条件：一是车轮踏面不是平的，而是有一定斜度的；二是具有合适的轮缘；三是左右车轮通过车轴连接为一体。图3-17中车轮和轨道接触情况展示了车轮踏面的斜度和轮缘的位置。具备了以上三个条件，转向架是如何导向的呢？下面将进行进一步解释。

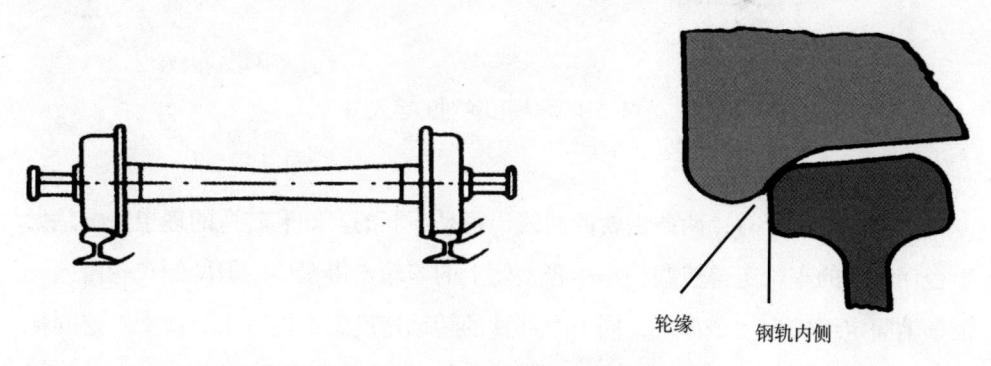

图3-17 车轮和轨道接触情况

a.直线上如何导向

在直线上的自导向，可以用木桶在倾斜轨道向下滚动的例子进行形象解释。如图3-18中的木桶结构为两端细、中间粗，当左右摇摆偏离轨道中心时，重力产生的回复力能够把木桶拉回轨道中心，如此木桶就具备自动对中功能，能够很好地沿两条直线轨道向前运行。

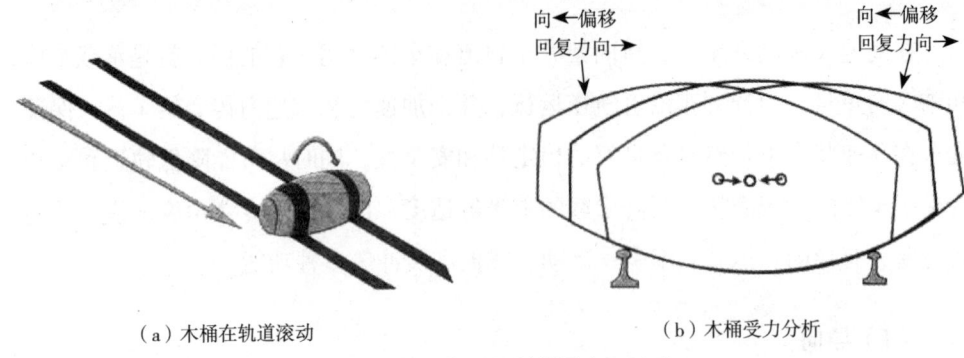

(a) 木桶在轨道滚动

(b) 木桶受力分析

图3-18　木桶在倾斜轨道向下滚动

类比来看，从图3-19中可以看出木桶和轨道接触的部位是带有斜度踏面的车轮，而木桶本身把这两个车轮连接在了一起，可以等效为车轴。这样，具有斜度踏面的轮对天生就具备了直线上自导向、自对中功能。

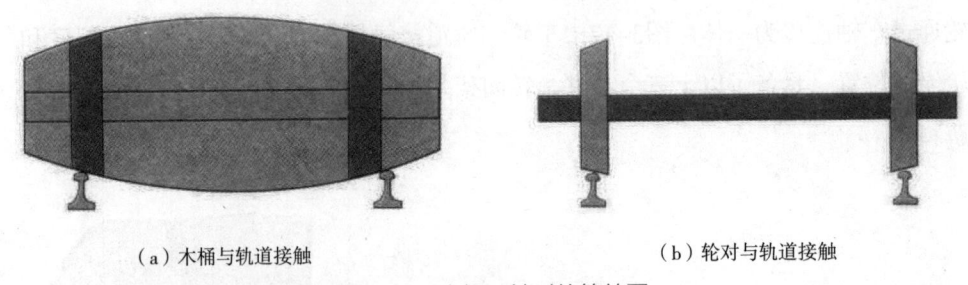

(a) 木桶与轨道接触

(b) 轮对与轨道接触

图3-19　木桶和轮对的等效图

b.转弯时如何导向

当转向架转弯时，两条钢轨的曲线半径是不同的。顺利转弯的理想情况是大半径钢轨上的车轮走得快些，小半径钢轨上的车轮走得慢些。但两侧车轮由同一根车轴固定组成为一个部件，同一个部件的转动速度怎么能有快有慢呢？这同样和踏面斜度有根本性的关系。如图3-20所示，当车辆转弯时，在离心力的作用下轮对向外轨方向（离心方向）产生一定的横向移动，由于车轮踏面具有一定斜度，这时外轨上的车轮与钢轨接触点的车轮半径（也就是滚动半径）变大，走过的距离就变长，内轨上的车轮接触点的车轮半径（也就是滚动半径）变小，走过的距离变短。理想情况下可实现内外侧车轮走的距离和对应钢轨的距离一致，这样转向架就可以顺利通过曲线。

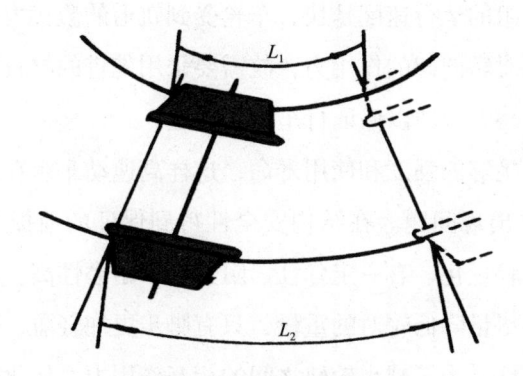

图3-20 轮对在曲线上运行

c.轮对

完成导向功能最主要的零部件为轮对，图3-21中展示了两种常用轮对。每个转向架包括两条轮对，每条轮对由两个车轮和一根车轴组成一体。动力轮对的车轴上安装有齿轮箱，而非动力轮对的车轴上安装有制动盘。如上所述，踏面外形轮廓和导向功能息息相关。为了更好地导向和轮轨匹配，车轮踏面形状并不是简单的斜线，而是由一系列不同半径的曲线组合而成的旋转曲面，我们称之为踏面。车轮内侧突起部分称为轮缘，可以阻止车轮滑出轨道。

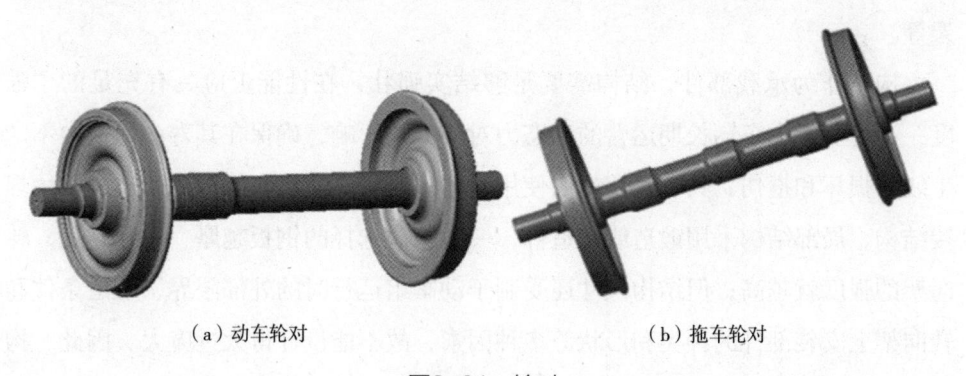

（a）动车轮对　　　　　　　　（b）拖车轮对

图3-21 轮对

（2）承载

转向架第二个功能就是承载，完成此功能的核心部件是轮对和构架。转向架承担的载荷可细分为上部载荷、下部载荷和外部载荷。上部载荷是车体自重（达到几十吨）、旅客载重和车体振动产生的动态载荷；下部载荷为从轨道传递上来的载荷，高速动车组的运行速度越快，车轮受到轨道的激扰力就越大。外部载荷主要是牵引和制动对转向架的作用力，故需要采用先进的材料和精巧的结构，确保轮对和构架不断裂失效，以保证行车结构安全。

轮对必须具有足够的强度和使用寿命，这样高速动车组在高速和最大载重运行的时候，才不会出现问题。在结构安全性得到保证的前提下，轮对还应具备以下优良的性能：轻量化、有一定弹性、阻力小、耐磨性高。轻量化主要从高速运行方面考虑，要尽量降低轮对的重量，只有脚步更加轻盈，车辆才能跑得更加快；具有一定的弹性是为了减小轮轨之间的相互作用力，优化轮对承载条件，降低轮轨噪声；阻力小主要从较高的运行速度和能量节约方面考虑；而耐磨性则是保障轮对长期高速旋转，减少车轮摩擦损耗、延长轮对使用寿命的必要条件。

构架是最能体现转向架特点的部件，它是转向架的骨架和零部件安装基础，它将转向架的各个零部件组成一个整体，并承受和传递各种载荷。构架的主体结构形式与车辆载荷传递路径、转向架各个功能部件布局及接口形式息息相关。高速动车组转向架构架的外形通常类似于英文字母"H"，因此常被称为"H"形构架。如图3-22和图3-23展示的，动车构架和拖车构架主体结构相同，局部结构因安装部件不同有差异，但构架一般包括侧梁、横梁、小纵梁、各种安装座、支架等。

构架作为承载部件，结构需要足够结实强壮，在性能上应具有充足的"强度"，更要考虑车辆长期运营的动态力对构架的影响，确保在其寿命周期内不产生疲劳损坏和损伤，具有足够长的使用寿命。现代高速动车组的构架通常采用焊接结构，局部结构采用锻造或铸造件，一般来说选择的钢板越厚、尺寸越大，转向架的强度就越高；但结构尺寸还受制于动车组运行时的外部限界、轨道条件和转向架上安装部件的种类和形状等多种因素，故不能设计得太过庞大。因此，构架的结构设计就是在强度和空间尺寸两者间寻求最佳平衡点的过程，考虑到空间关系初步确定构架结构方案后，进行强度和疲劳寿命仿真计算，根据计算结果查找强度不满足设计要求的部分，进行结构局部调整，再重新开展强度计算，循环优化设计。

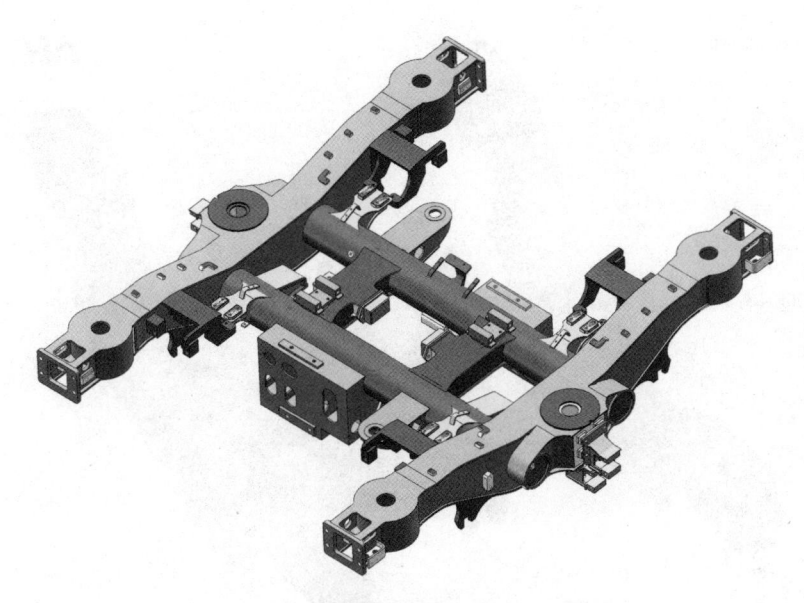

图3-22　CR400AF型动车组动车转向架构架

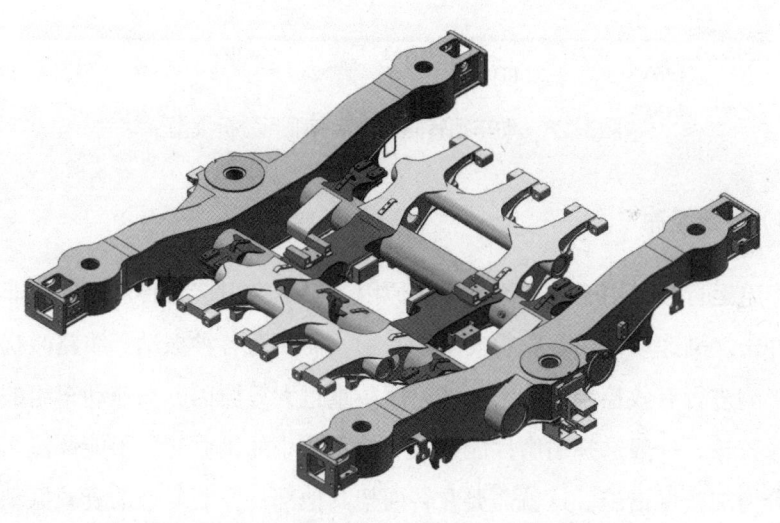

图3-23　CR400AF型动车组拖车转向架构架

图3-24展示了构架强度计算时的应力分布图。依据强度仿真计算结果确定的结构方案，是否真正满足了产品级强度要求，还需要通过静载荷试验、疲劳试验、气密性试验和实际线路试验等层层考验，经过千锤百炼后，才可以说转向架满足了结构强度的要求。

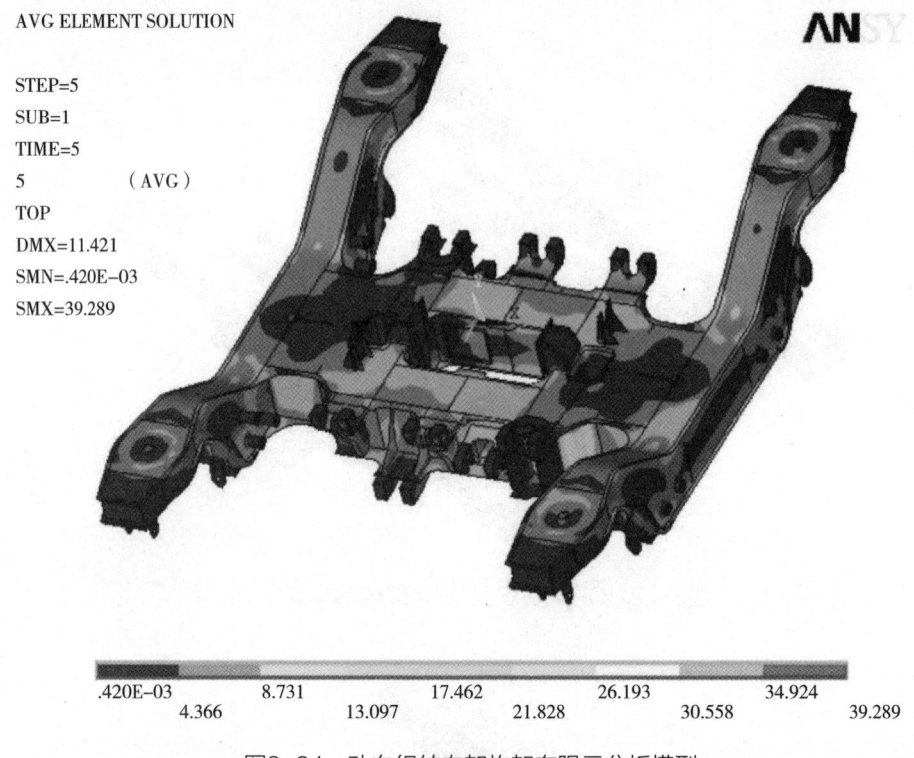

```
AVG ELEMENT SOLUTION
STEP=5
SUB=1
TIME=5
5      (AVG)
TOP
DMX=11.421
SMN=.420E-03
SMX=39.289
```

.420E-03   8.731   17.462   26.193   34.924
      4.366   13.097   21.828   30.558   39.289

图3-24　动车组转向架构架有限元分析模型

（3）减振缓冲

动车组运行时，由于轨道不平顺等原因，必然会引起各种周期性或非周期性的振动冲击。高速动车组要跑得安全和平稳，需要对各种振动、线路激扰等因素产生的影响进行有效控制。如上所述，因载重过大等原因，高速动车组的车轮不能使用橡胶轮，一般选择耐磨性能好及摩擦系数小的钢质轮，不能像汽车一样在车轮部分增加减振措施。这就需要在转向架其他部位安装复杂的衰减振动和缓和冲击的弹簧减振装置，提高旅客乘坐的舒适性。

高速动车组转向架通常采用两级减振系统，逐级降低来自线路及外部环境的激扰影响，确保列车安全平稳运行。高速动车组转向架通常设置有一系悬挂和二系悬挂装置。一系悬挂安装在构架与轮对轴箱之间，用来缓和线路不平顺对转向架和车体的冲击；二系悬挂作用于构架与车体之间，进一步降低线路对车厢的振动影响。

如图3-25所示，一系悬挂系统中，轴箱体是连接构架与轮对的活动关节，内部安装轴承，允许轮对相对构架有垂向、横向、纵向和旋转的运动。轴箱体上部通过弹簧、减振器与构架连接，使轮对适应轨道不平顺等条件，衰减车轮振动。此外，通过橡胶定位节点连接轮对和构架，实现弹性定位作用，在保证轮对相对构架可以有一定运动的同时还能传递纵向力和横向力。

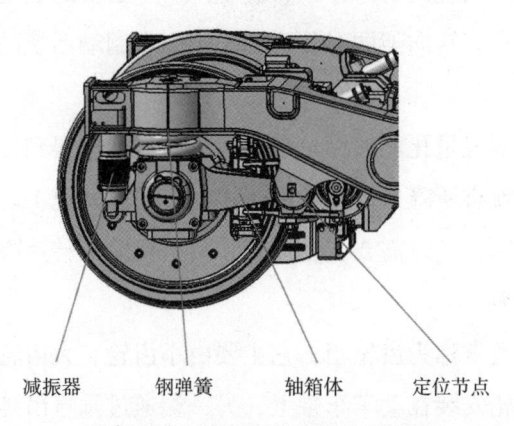

图3-25 转向架一系悬挂装置

如图3-26所示，二系悬挂装置主要由空气弹簧、垂向油压减振器、抗侧滚扭杆、横向油压减振器、抗蛇行减振器、高度调整阀、横向止挡等组成。二系悬挂主要传递车体与转向架间的垂向力、纵向力和横向力，衰减从构架向车体传递的振动能量。同时使转向架与车体之间实现横向弹性连接，允许车体相对于转向架转动，以满足转向和曲线运行的要求。

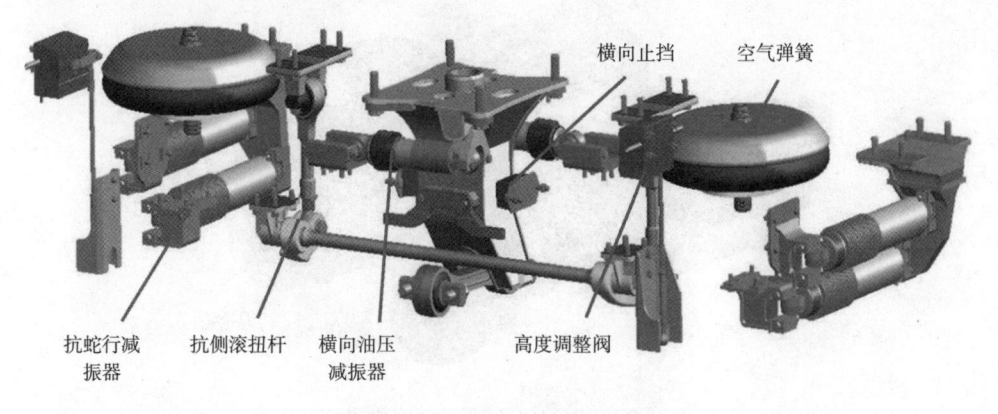

图3-26 转向架二系悬挂装置

（4）牵引和制动

高速动车组要跑得快，离不开牵引传动系统，牵引时要保证必要的车轮与钢轨之间的黏着力，并把车轮与钢轨接触处产生的圆周力通过牵引拉杆传递给车体与车端缓冲装置，牵引列车运动；此外，在列车到达车站时能够从最高速度快速制动停车，需要制动系统的良好作用，制动时产生必要的制动力，使车辆在规定的距离内减速或停车。转向架同时作为列车牵引和制动系统的机械执行部分，重要性不言而喻。

牵引电机的小型轻量化能够保证高速运行，其转速得到提高，但在功率不变的情况下，输出力就有所降低了（功率等于转矩乘以转速）。但高铁运行需要较大的力才能驱动列车，所以需要变速装置，将电机输入转速降低，保证能够给车轮输出足够的牵引力。

这个变速装置通常称为齿轮箱，它主要由小齿轮、大齿轮和箱体构成。齿轮箱一端通过从动齿轮安装在动车车轴上，另一端通过垂直吊挂悬挂在转向架构架上。吊挂连接处均设有橡胶，以减小齿轮箱与构架之间的动态载荷。图3-27展示了齿轮箱在转向架上的安装位置，图3-28展示的是齿轮箱。

在齿轮箱主动轴和牵引电机之间，使用一个联轴节（图3-29）进行连接，它通常由两个对称的半联轴节构成，通过鼓形齿等复杂的内部结构实现了传递转矩的同时还允许电机与轮对相对运动。

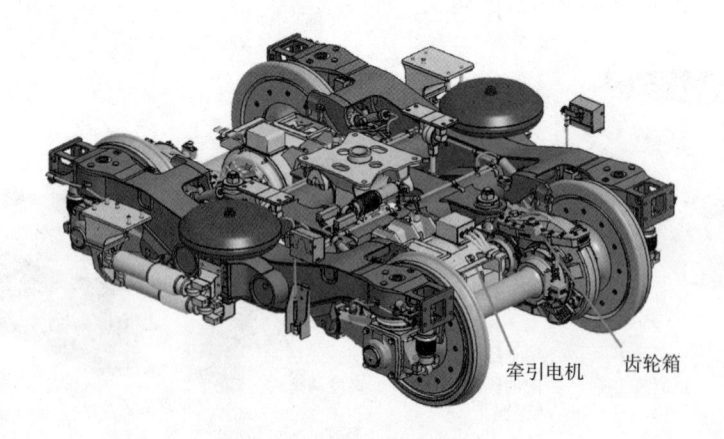

图3-27 CR400AF型动车组转向架

第三章　高速动车组关键技术

图3-28　齿轮箱

图3-29　联轴节

动车组是如何停车的？与汽车采用橡胶车轮运行不同，铁路机车车辆、动车组采用轮轨运行，两者间的摩擦系数相对较小。因此为使高速运行的动车组快速停车，需要采用包括电机制动、再生制动、电阻制动、空气制动等多种制动形式。这里主要介绍转向架的空气制动。

转向架上的空气制动装置又称基础制动装置，主要包括踏面制动和盘形制动装置，如制动梁、制动盘、制动夹钳、制动缸和闸片、闸瓦等。因制动盘热容量较大，所以在高速动车组上常用的方式为盘形制动。这种方式的作用原理是：向制动缸中充入压力空气，制动缸活塞杆伸出，带动制动夹钳上制动杠杆转动，传递并放大制动缸活塞杆产生的推力后，均匀传给闸片，使闸片压紧安装在轮对上的制动盘，对车辆实施制动。一般来说拖车转向架通常每轴配置3~4个轴盘，称为轴盘式制动（图3-30）。而动车转向架车轴上因为有齿轮箱，所以制动盘通常配置在车轮上，称为轮盘式制动（图3-31）。

图3-30　轴盘式

图3-31　轮盘式

四、动车组制动技术

通俗地说，制动系统是高速列车的刹车装置。制动系统的作用是使行驶中的列车按照既定的距离、时间要求进行安全可靠且精准的减速及停车。列车在进站停车、通过曲线以及遇到紧急情况时，都需要依靠制动系统来完成减速动作。制动系统对于列车而言是其运行安全性的有力保障，是动车组的九大关键技术之一。

1. 制动系统组成

动车组制动系统由电制动系统与空气制动系统组成。动车组每根动轴都具有电制动功能。动车组实施电制动时，牵引控制系统中三相异步电动机转换为发电机工作，将列车运行的动能转变为电能，通过牵引变流器中的逆变部分转换为三相交流电或直流电，分别反馈回电网或供本动车组的辅助系统使用。当动车组速度较低、无法使用电制动、电制动不能满足制动需求的情况下，动车组将会实施空气制动。电制动可单独使用，或与空气制动一起使用。当然，动车组优先使用电制动，其目的是减轻动车组空气制动负荷，从而减少基础制动装置中制动盘和闸片的磨耗量，延长动车组检修周期。动车组最终还是由空气制动系统产生制动力而停车的。

动车组空气制动系统通常为微机控制的直通式电空制动系统，空气制动系统主要制动元件分布在司机室、车底与转向架上。

如图3-32所示为CR400AF动车组制动系统组成示意图，司机室中有制动指令产生装置，主要包括制动控制手柄、列车网络监控系统、紧急制动阀、压力表等。在带司机室拖车的车底还配置了救援转换装置。在动车转向架的轴上安装有牵引电机，产生电制动，通过高压系统反馈到电网。制动控制单元集成安装在车底，主要集成有空气制动阀板、电子制动控制单元、电气、机械、电缆等附件。供风系统分布安装在车底，包括主供风单元、辅助供风单元、风缸模块及各种截断塞门。基础制动装置安装在转向架上，主要包括制动盘、制动夹钳与浮动式粉末冶金闸片等。

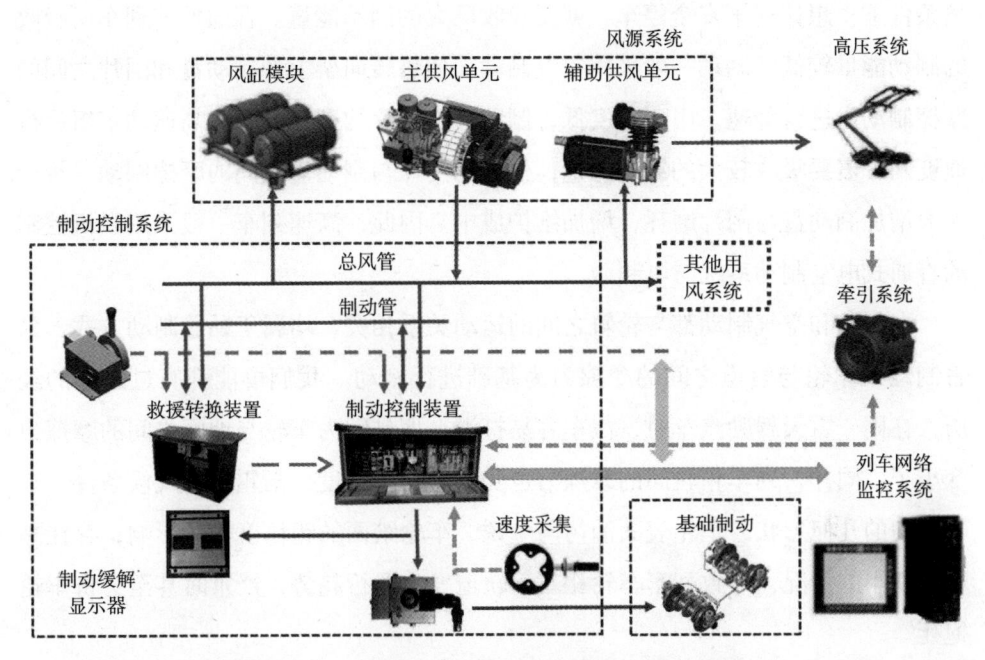

图3-32　CR400AF动车组制动系统组成示意图

制动控制系统为微机控制的直通式电空制动系统，负责接收司机制动手柄、列车自动速度控制系统（ATP系统）的制动指令，进行空气制动和电制动制动力的管理、计算、分配、转换和传输，发出精确的电气制动指令，使牵引系统发挥电制动作用；或者，制动指令在制动阀中转换为成比例的空气压力，空气压力进入制动缸，驱动基础制动装置动作，产生制动力。

基础制动单元是用来传递制动原动力并产生制动力的装置，主要由制动盘、制动夹钳、闸片等组成，安装在每辆车的转向架上。对应不同的盘形制动方式，高速动车组上的基础制动单元包括轮装盘和轴装盘基础制动单元，如前所述，一般拖车采用轴装制动盘，动车采用轮装制动盘。

2.制动方式

随着高速动车组速度的不断提高，对制动技术和行车安全性提出的挑战越来越严峻。我们知道，运动物体动能与速度的平方成正比，速度越高，制动时所需要转换的能量多大，制动系统所需要吸收的制动能量就越大，而在一定的制动距离条件下，想让列车安全停车，就要吸收巨大的制动能量。普通低速列车所吸收的制动能量较低，制动一般采用空气制动，依靠转向架上的制动盘和闸片之间的摩擦制动力进行降速，由于速度低，制动盘与闸片的磨耗较少。高速动车组运行速度高，需要吸收较大的制动能量，仅依靠闸片与制动盘之间的摩擦制动，将会大大增加制动盘与闸片磨耗，增加维护成本。因此，高速列车一般采用微机控制的直通式电空制动系统与电制动。

电制动和空气制动都与轮轨之间的运动关系相关，均属于黏着制动方式，黏着制动以车轮与轨道之间的摩擦力为基础进行制动。我们可能都有过这样的经历：在雨、雪天驾驶汽车时，汽车容易打滑，那是因为车轮与地面之间的摩擦力变小了。同样，列车轮轨间的摩擦力也受到了列车速度、雨霜雪等气候条件、车轮踏面的几何形状、车轮表面油污与生锈、车轮踏面的粗糙度等的影响，存在黏着力变小的情况，导致列车车轮相对于轨道发生滑行趋势，严重时甚至会将车轮抱死。

车轮抱死后，若不及时进行防滑控制，车轮踏面将与钢轨发生异常磨损并形成平面，不仅会造成车轮擦伤，损坏钢轨，也会使乘客的乘坐舒适感降低。因此，当车轮和轨道开始发生相对滑行时，动车组会提前监测到滑行的趋势，进行防滑、防抱死控制，使滑行轮对、车轴的速度尽快恢复到列车速度上来，避免车轮擦伤，影响轨道质量。

国外高速动车组还使用磁轨制动、轨道涡流制动、翼板制动等制动方式。接下来将带领大家认识列车上所应用的各种制动方式。

（1）空气制动

说到空气制动，就不得不提闸瓦制动。闸瓦制动，即踏面制动，是自有铁路以来使用最广泛的一种制动方式。如图3-33所示，制动时，闸瓦紧压着车轮踏面，从能量的角度来看，列车的动能在闸瓦和踏面之间的摩擦作用下转化为热能，并最终消散于大气。

你一定已经发现，列车的闸瓦制动和自行车的"刹车"系统竟是如此的相似。

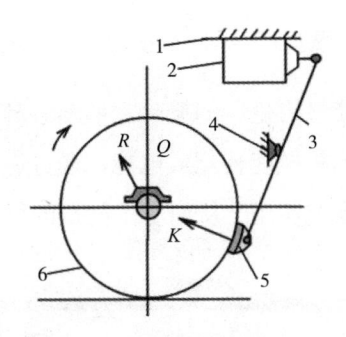

图3-33 闸瓦制动示意图

1—车底 2—制动缸 3—制动杠杆 4—固定支点 5—闸瓦 6—车轮

然而，根据前文的简单介绍，我们已经知道中国标准动车组上使用的空气制动方式并非闸瓦制动而是盘形制动。如图3-34所示，盘形制动和闸瓦制动的基本原理类似，不同之处是在盘形制动方式下，闸瓦不是作用在车轮踏面上而是作用在专门安装在车轴或车轮辐板侧面的制动盘上。相信你已经想到了盘形制动相对闸瓦制动的优点了。首先，车轮踏面的热负荷和机械磨耗可以大大减轻；其次，制动盘的材料可以根据实际需要合理选取，而在闸瓦制动方式下，车轮的材料一般是不可变动的。

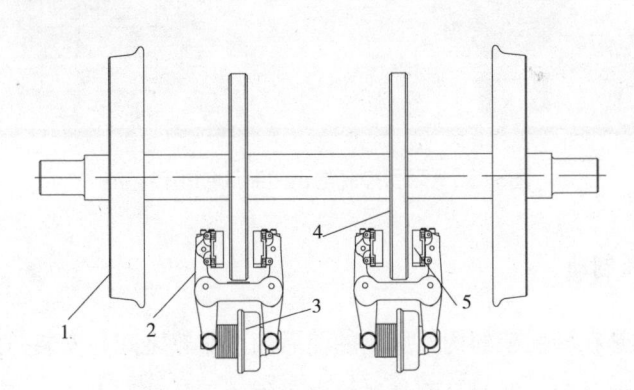

图3-34 盘形制动装置

1—轮对 2—制动夹钳 3—制动缸 4—制动盘 5—闸片

与闸瓦制动相比，盘形制动有三个主要优点：可大大减轻车轮踏面的热负荷和磨耗；可按制动要求选择制动盘与闸片的材料，以达到最佳摩擦副组合，但车轮的材料不可经常变动；实际使用表明，盘形制动时列车制动平稳，噪声小。

因此，盘形制动适合于动车组与普通提速客车。

（2）再生制动

再生制动涉及一个"能量再生"的概念。如图3-35所示，在制动时，牵引电机处于发电工况，将车轮的机械能转化成电能，通过逆变器的转换，将电能回馈到电网或者供动车组辅助系统使用，从而实现能量的再生。

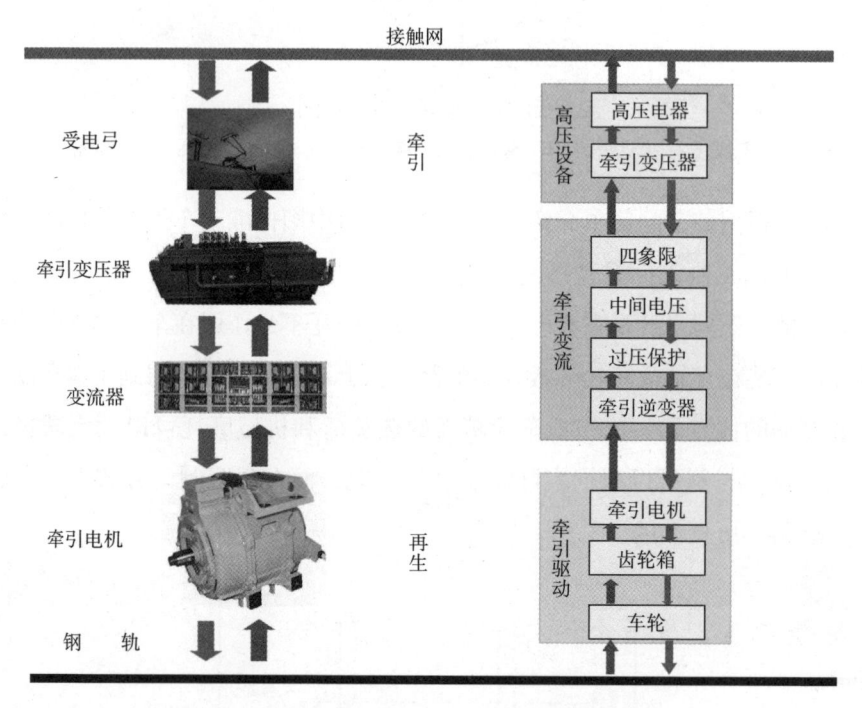

图3-35 牵引控制与再生制动能量传递链

（3）磁轨制动

磁轨制动是在转向架的构架两侧的前后两个车轮之间各安装一条电磁铁，如图3-36所示。制动时，通过升降气缸将电磁铁放下，利用电磁吸力紧压钢轨，在电磁铁上安装有磨耗板，磨耗板与钢轨之间产生滑动摩擦，这个滑动摩擦力就是制动力，这样，动车组的动能转变成了热能耗散于大气。磁轨制动的制动力不是通过轮轨之间的黏着作用产生的，不受轮轨之间黏着力的限制，因而能在黏着力以外再获得一定制动力。在高速动车组中，磁轨制动往往与空气制动配合使用来进行紧急制动，以满足高速动车组对制动距离的要求。

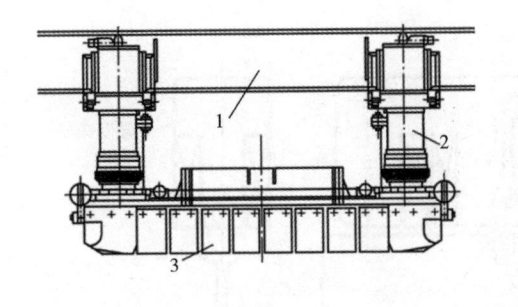

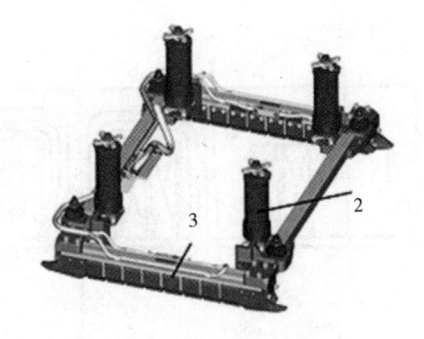

(a）二维平面图　　　　　　　　　（b）三维图

图3-36　磁轨制动装置

1—转向架侧架　2—升降风缸　3—电磁铁

（4）轨道涡流制动

轨道涡流制动与磁轨制动相似，也是把电磁铁悬挂在转向架侧架下面两个车轮之间，不同的是，在制动时，电磁铁不与钢轨接触，而是放置在离轨面几毫米处的地方，轨道涡流制动装置见图3-37。轨道涡流制动利用电磁铁和钢轨相对运动，切割磁力线，产生电磁力作为制动力，其原理如图3-38所示。从能量的角度来看，轨道涡流制动的电磁铁和钢轨的相对运动使钢轨感应出涡流，列车的动能通过涡流的形式转换为电能，再通过钢轨发热的形式消耗于大气中。

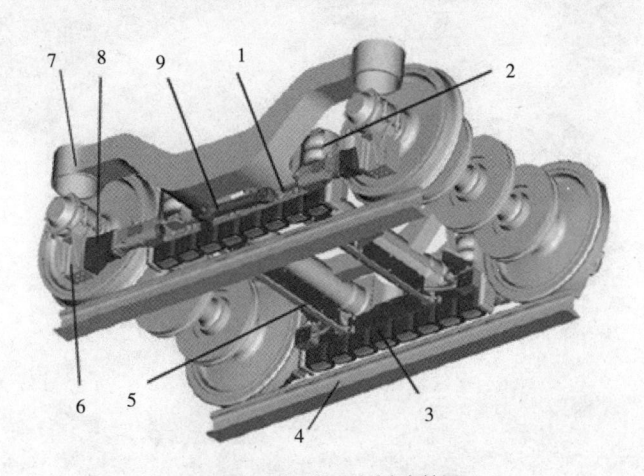

图3-37　轨道涡流制动装置

1—整体式梁　2—升降气囊　3—电磁线圈　4—钢轨　5—拉杆　6—轴箱装置
7—转向架侧架　8—安装座　9—纵向拉杆

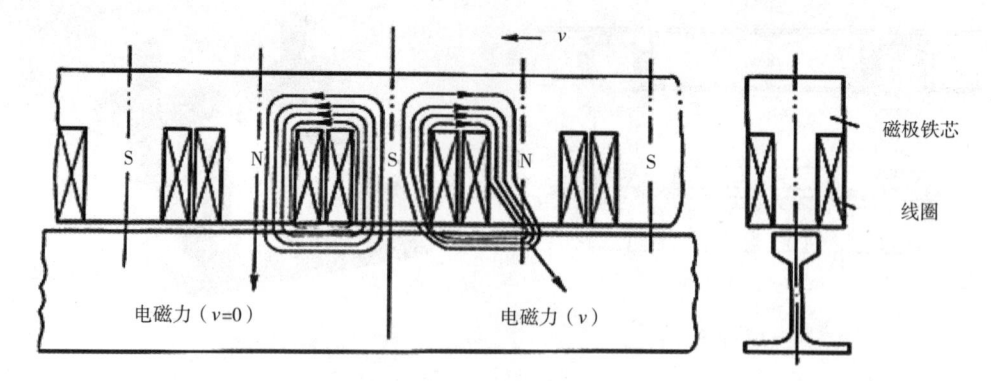

图3-38　轨道涡流制动原理示意图

（5）翼板制动

如图3-39所示，翼板制动利用空气动力学的原理，设计者在动车组车顶上安装一系列翼板，在制动时伸出并展开翼板，增大了动车组迎风面的面积，增加了动车组运行的阻力，利用翼板与大气的相对摩擦，将动车组的动能转化为热能。翼板制动系统能提供高于目前空气制动3~4倍的制动力，但该种制动方式受环境影响较大，尚处于研发试验阶段。

图3-39　翼板制动概念图

3.制动系统功能

通常动车安装有电制动和电空制动两个独立的制动系统。

动车的牵引驱动提供电制动系统，并通过由微处理机控制的车载控制设备进行无级控制。车载控制设备主要包括中央控制单元CCU、牵引控制单元VCU及制动控制单元BCU等。再生制动的闭路控制系统监测接触网的电压状况，并在制动时控制将再生制动能量反馈回接触网。

当电制动出现故障时，制动力由动力轴上的摩擦制动代替。在这种情况下，也必须满足设计的制动距离。

动车组制动系统采用微机控制的直通式电空制动系统，具备常用制动、紧急制动EB、紧急制动UB、保持制动、停放制动、防冰制动等制动模式，具有网络通信、防滑控制、空压机启停管理、车轴不旋转检测、制动试验、救援/被救援控制、故障自诊断及存储等功能。

（1）常用制动

常用制动分为1~7级，制动时优先使用电制动，电制动力不足时，空气制动力进行补充，以满足编组列车所需要的制动力。具有空重车载荷自动调整功能，能够保证不同车重条件下制动减速度保持不变。

除列车自动速度控制模式（ASC）之外，常用制动指令由制动系统来进行管理。制动力管理分为列车级和车辆级。

首先，由头车的制动控制单元担当主控BCU，实现全列车制动力管理、分配和计算。制动指令由多车控制总线传递给每一个动力单元后，控制单元内具有单元主控功能的EBCU进行制动力管理、分配和计算，再通过单元内部的MVB总线传递到每一节车厢。动车组的列车级和车辆级控制单元均进行了冗余设计。

各级减速度（不含风阻）控制曲线如图3-40所示。

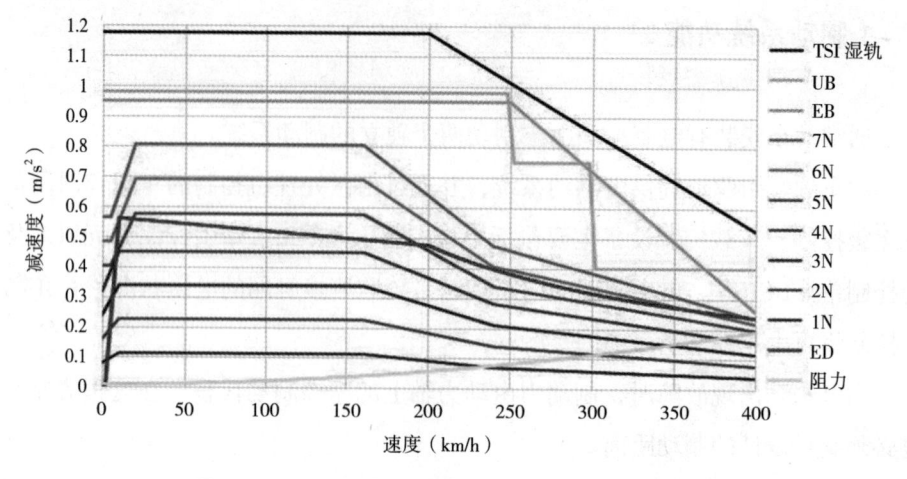

图3-40　CR400AF减速度（不含风阻）控制曲线

（2）紧急制动EB

紧急制动EB是在制动系统设备正常情况下，动车组在运行过程中因遇到地震、线路塌方等突发事故而实施的制动，按速度模式曲线控制方式实施制动控制。动车组设置紧急制动EB安全环路，制动控制计算机EBCU通过检测紧急制动EB安全环路状态和动车组控制网络信号触发紧急制动EB。

紧急制动EB采用电空复合制动方式，充分利用电制动能力，当检测到EB制动力不足时，通过硬线断开紧急制动UB安全环路，触发紧急制动UB。

紧急制动EB触发条件：

- 司机控制器手柄在紧急制动EB位；
- 客室或乘务员室乘客紧急制动手柄被触发；
- 动车组非静止状态（速度>5km/h）下停放制动意外施加；
- 司机警惕装置ASD触发紧急制动请求；
- 车载地震紧急处置装置发出Ⅱ级、Ⅲ级报警信号（批量车未配置，只预留接口）；
- 轴温熔断继电器动作。

由司机控制器所触发的紧急制动EB，可以通过司控器手柄拉离EB位进行缓解；由客室或乘务员室乘客紧急制动手柄被拉下所触发的紧急制动EB，可以通过司机操纵台"乘客报警旁路"按钮忽略或缓解紧急制动EB。其他情况下触发的紧急制动EB，在列车完全停止前，紧急制动EB不能被缓解。直到列车停止后，触发条件紧急制动EB的元件复位、紧急制动EB安全环路重新建立后，才可以缓解紧急制动EB。图3-41为列车乘客紧急制动手柄。

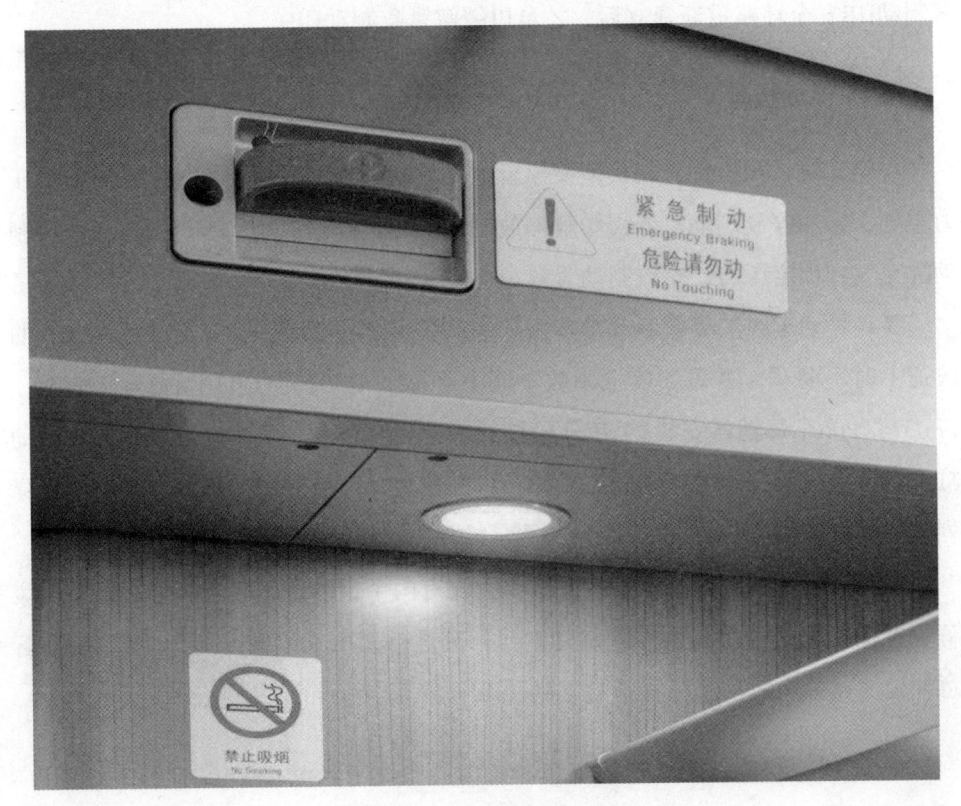

图3-41 乘客紧急制动手柄

（3）紧急制动UB

紧急制动UB通过独立的紧急制动UB安全环路实施，直接作用于紧急制动电磁阀。动车组的紧急制动电磁阀通常采用失电制动的控制形式。

紧急制动UB触发条件：

● 列车运行控制系统ATP触发列车紧急制动；

● 紧急制动UB安全环路断开或失电；

● EB制动力不足；

● 被救援时，机车产生紧急制动，列车管压力排空时；

● 按下司机室紧急制动按钮或监控室紧急制动拉闸时。

一旦以上条件触发，动车组制动系统自动实施紧急制动UB，在动车组完全停止前，不允许缓解紧制动UB。列车停止后，触发紧急制动UB的元件复位、紧急制动UB安全环路重新建立后，才可以缓解紧急制动UB。

（4）停放制动

在停车时，司机操作司机室操纵台上停放制动施加按钮，停放制动缸排出压力空气，施加停放制动；当需缓解停放制动时，操作停放制动缓解按钮，停放制动缸充气到预定压力，停放制动缓解。

复兴号动车组的停放制动基本要求是，在定员载荷下，动车组停放在20‰的坡道上时不溜车，并且，安全系数不能小于1.2。TC01与TC08车的2号转向架，TP03与TP06车每轴各安装1个带停放缸的基础制动装置，整车设置12套停放制动缸。制动系统具有停放制动状态检测及诊断功能，停放制动的施加、缓解由贯穿列车的硬线控制。

在转向架的两侧，每个停放夹钳单元设有两个手动缓解装置，可通过手动缓解装置缓解该夹钳单元的停放制动。当列车运行速度大于5km/h时，停放制动若意外施加，会引起动车组实施紧急制动EB而停车。

（5）保持制动

保持制动又称为坡起制动，通过安装在司机台上的坡起按钮控制贯穿全列的坡起制动列车线触发保持制动。保持制动施加：启动后，每个EBCU单独控制施加常用制动4级制动力。

保持制动缓解：当司控器手柄处于牵引位，且列车速度大于2km/h，或单列牵引变流器反馈牵引力大于125kN（重联时为250kN）时，EBCU自动缓解坡起制动。

（6）清洁制动

通过安装在司机台上的清洁制动按钮控制，按钮采用自复位方式；清洁制动按钮信号首先进TCMS，通过网络信号传给主控EBCU，主EBCU发出指令，通过列车网络传递至各车EBCU，施加清洁制动，此时每辆车均施加70kPa±20kPa的空气制动力。

(7) 增黏控制

有效利用轮轨间的黏着是制动系统设计时需考虑的重要方面。轮轨间黏着降低时，动车组容易产生滑行，增加制动距离。因此，在轮轨间黏着降低时，需尽快改善轮轨间黏着。在黏着改善方面，一般采用设置踏面清扫器或撒砂的方法增加轮轨黏着力。

a.踏面清扫装置

每个车轮设置一个踏面清扫装置，在动车组速度30km/h以上或者检测到车轮空转、滑行时，动车组自动控制踏面清扫装置间歇性地摩擦车辆踏面，改善轮轨黏着。

见图3-42为路面清扫装置。

图3-42　踏面清扫装置

b.撒砂控制

制动过程中，当各车BCU检测到车轮有滑行现象时，将自动输出撒砂请求信号，使动车组在轮轨间进行撒砂，增加轮轨间的黏着，抑制车轮滑行现象。

在司机操纵台上设有撒砂按钮，当司机感觉到轮轨间黏着降低时，可进行手动撒砂。

图3-43为动车组上的撒砂装置。

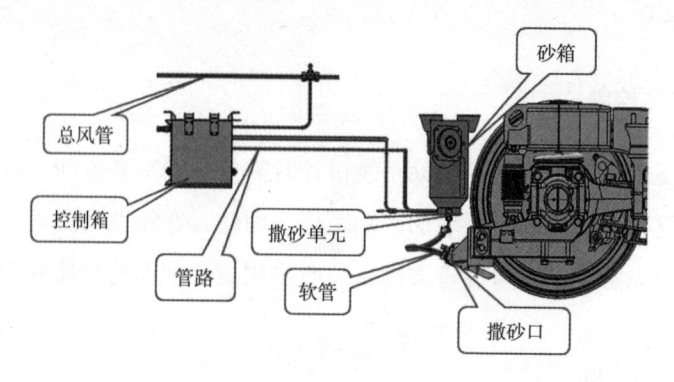

图3-43　撒砂装置

五、动车组车体技术

1.动车组流线型车头

当站台上缓缓驶来高速动车组时，其优美的流线型车身总能吸引众人目光，特别是长长的车头。你有没有想过，动车组的车头和车身是怎么设计的？优美修长的车身有何科学依据？

日常生活中，我们的车跑得越快，感受到的风就越大、油耗越高，听到的车外噪声也越大，这些问题都是汽车等运动物体与周围空气相互作用而引起的。同样高速动车组运行过程中也会遇到这些问题，它们都是列车空气动力学这门学科研究的内容。一般来说阻力与速度的平方成正比，气动噪声与速度的六次方正相关，高速动车组的运行速度达到350km/h，气动阻力和气动噪声都会达到令人无法承受的水平，因此需要在高速动车组的设计过程中采用各种措施来提高列车空气动力学性能，降低高速运行时空气对列车安全、能耗和舒适性等的影响。图3-44展示了CR400AF-Z动车组的流线型车头。

图3-44　CR400AF-Z动车组流线型车头

（1）列车表面压力分布

由于空气存在黏性，列车正常行驶时，列车表面附近的空气运动速度基本与列车相同，距离列车越远，空气速度越低。列车表面附近的空气流动状态和表面压力比较稳定，在外形突变的地方会产生气流分离。从整列车来看，在列车头型前端，气流向上沿流线型头型分流，向下沿开闭罩和排障器向地面分流，向左右沿列车外形分流，并且局部形成了气流分离，在车头曲面造型和车身的交界处出现第二次气流分离；然后气流沿车身表面的流速渐趋稳定，比较平稳地通过列车表面，进而到达列车尾部。

高速动车组驶过时，周围的空气都会被动车组挤走，就像是一条鱼在水里游过一样。在这种情况下，列车的表面气压会升高，形成表面空气压力。列车的头车正对来气流方向，动车组头罩及排障器凹槽内因气流被滞止，气压相对动车组速度几乎为零，气压不能导流走，导致该处压力最大。因车头其他部位为流线型，气流向两侧扩散，逐渐减小变为负压，在车头向车身过渡处的顶部与侧顶圆弧处，负压达到最大值。

为什么会出现这种分布呢？由于动车组车头向车身过渡处，形状曲率发生了明显的变化，使得气流速度明显加快，造成这一区域的气体压力快速降低；从车头与车身过渡部位向后，车顶表面比较平直，形状无明显变化，空气流速降低，列车表面的负压也迅速减小，并稳定为很小的负压，到达与下节车连接处车间外风挡位置，因外形突变又将上升为数值较小的正压。

中间车与头尾车客室的车顶及侧墙表面压力系数十分接近，基本上为很小的负压值，靠近车厢中端较小；靠近车厢两端的地方，由于车厢连接处绕流的影响，稍大一些。在高速列车的尾车后车体至尾车头部位置存在着很大的负压力，在气流粘滞和尾流的影响下，尾车的最大负压比前车的头部相对位置要小得多。

（2）两列列车交会瞬间产生晃动的原因

如图3-45所示，列车交会瞬间，由于两列车之间的空气在极短时间内被迅速压缩，导致此时两列车之间空气压力急剧增大，空气在列车交会侧产生一个向外的巨大推力，这个力甚至能达到30kN；但是列车交会的时间又极短，头车交会后列车交会侧的空气又迅速膨胀，形成一个很大的负压力，产生一个指向交会侧的巨大拉力，能够达到-30kN左右，一推一拉，导致列车发生明显的晃动。这样在极短时间内交替出现正、负压力的峰值，此时的瞬间压力冲击称为列车交会瞬态压力波。

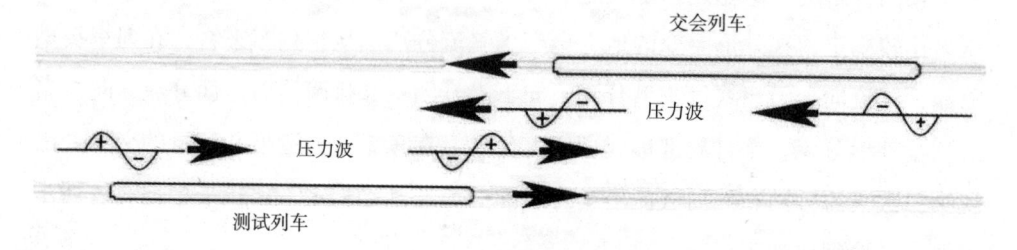

图3-45 列车交会形成的压力波

值得注意的是，当动车组以时速200km甚至250km高速运行时，列车通过时能掀起每秒20米左右的8级以上大风，车头位置甚至能达到每秒40米左右，所以旅客应在站台边沿2米以外的安全距离内候车，路旁行人应在轨道3米以外或隔离墙以外行走。

（3）列车经过隧道时，为什么会有耳鸣等不适的感觉

首先，产生耳鸣等不适是因为车内压力变化过快，导致耳膜无法及时适应环境压力的迅速变化，打破了中耳和外界的压力平衡。列车高速通过隧道运行的情况类似活塞进出气缸。当列车驶入隧道时，由于隧道壁的约束，气流受阻，导致隧道内的静气压急剧增加，形成一个正压的压力波，然后以声速在隧道中快速地向周围扩散。当扩散到隧道出口处时，又反射回隧道内形成负压膨胀波。当尾车进入隧道时，尾部空气状态与列车前端相反，在尾部形成负压膨胀波，也是以音速迅速向四周传播、反射。高速动车组虽然有各种压力保护措施，但无法做到完全密封，这些压缩波和膨胀波相互叠加后，会传到列车内部，引起车内压力的快速变化，超过人体耳膜的适应能力后就会引起不适，轻者压迫耳膜，重者头晕恶心。这种情况与飞机起降时类似，给旅客乘坐舒适性带来严重影响。

高速动车组一般以人体建立中耳和外界压力平衡的时间3~4秒内的压力变化进行考核，目前动车组均能满足小于800帕/3秒的要求。

（4）列车在大风环境下，行驶时的安全怎样保障

在强侧风情况下，高速动车组空气动力性能恶化，会同时受到强大的升力和推力作用：升力相当于减轻了列车的重量，而推力则是力争将列车推翻。强侧风环境下列车受到这两个作用力的同时作用，会影响列车的横向稳定性，极端情况下将导致列车倾覆。

目前，大风环境下的行车安全保障体系已逐渐建立，主要包括：设置挡风墙；确定大风环境下列车的安全运行速度限值；建立大风监测预警与行车指挥系统；等等。当大风监测系统发现风速超过限值时会提前向在此区域运行的列车发出预警信息，指导其降速甚至停驶，以保证乘客安全。

2.动车组车体结构

高速动车组不仅需要携带众多必需的设备，更需要承载全部乘客的重量。

即便是空车情况，单个车厢自重就超过50t，8辆编组高速动车组的重量一般也超过400t。以中国标准动车组为例，车体结构承载重量达470多t。如何能够保证列车在350km/h的速度下安全舒适运营30年？列车运行速度达到350km/h，隧道运行时车外压力变化剧烈，达到近6000Pa，怎样才能保证乘客的舒适性？列车运行中的安全性如何保证？这些都要求车体结构不能虚有其表，还必须质量过硬。所以，在高速动车组美丽的外表下，车体结构是如何承受如此大的重量和众多冲击的呢？

（1）车体结构介绍

车体一般指钢结构或者合金结构，主要由底架、侧墙、端墙及车顶的部分焊接而成，其中底架是车体的基础，由各种纵向梁、横向梁、辅助梁和地板梁等组成。采用整体承载的钢结构或大型中空铝合金型材，车体附件包括排障装置、头罩开闭机构、碰撞吸能装置和车下设备舱等。头车车体结构和中间车车体结构如图3-46、图3-47所示。

其中司机室采用承载型材弯梁+板梁+蒙皮的结构形式，如图3-48所示。为满足碰撞要求，除采用小板梁插接的方式布置外，还设置了纵向以及在车体断面上的型材弯梁，可以有效抵抗碰撞带来的司机室变形。并且，在前窗以及侧窗的开口薄弱位置均形成了框架结构，提高了其刚度和强度。

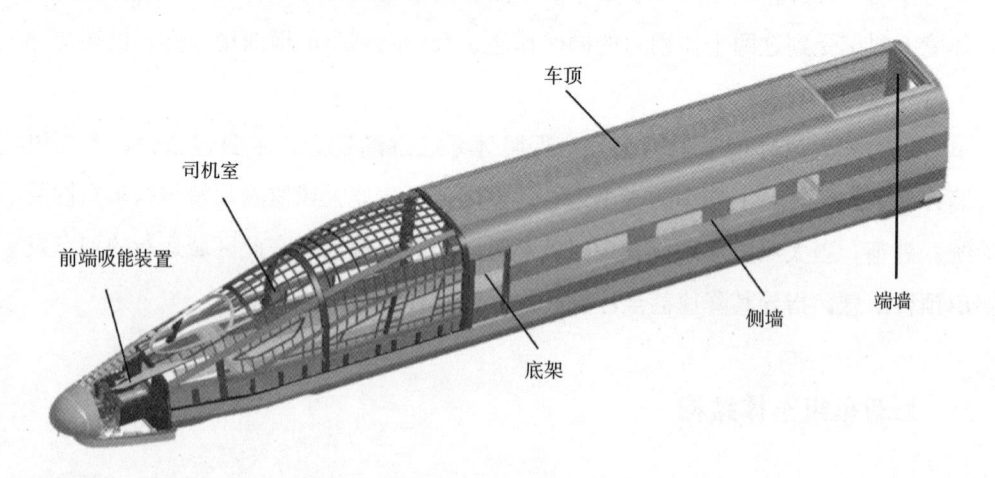

图3-46　CR400AF型动车组头车车体外形

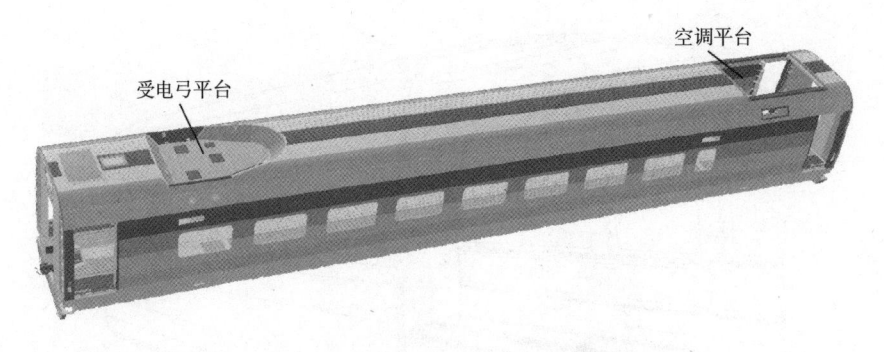

图3-47　CR400AF型动车组中间车车体外形

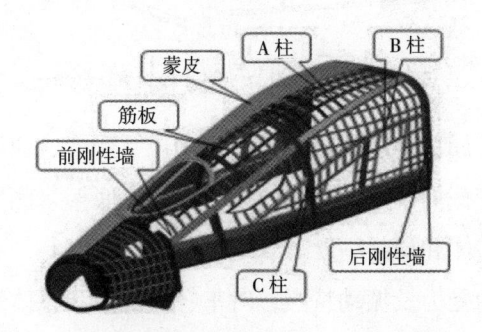

图3-48　CR400AF型动车组头车司机室外形

（2）车体结构各项功能的实现

通过车体结构的介绍，我们已经了解了高速动车组的主要结构，高速动车组正是通过这样的结构实现了在大负载情况下长期高速安全运行，保证运行中具有良好的舒适性、安全性。下面我们逐一讲解。

a.安全可靠的车体保证列车能够长期、高速安全运行

高速动车组车体设计的基本目标是安全可靠和强度符合要求，在满足高速列车设计标准规定的条件下，车体结构设计人员必须对车体强度、刚度和振动频率加以综合考虑。

为实现这一设计目标，设计人员采用了分层次分模块的等强度柔性化设计理念。如图3-49所示，动车组车体主体结构采用大断面、超薄、通长中空铝合金挤压型材焊接的整体承载结构。为了提高车体刚度和气密强度，侧顶部位轮廓采用较大圆弧，侧顶型材采用较大断面并进行变截面设计，以减少应力集中，提高承载能力。

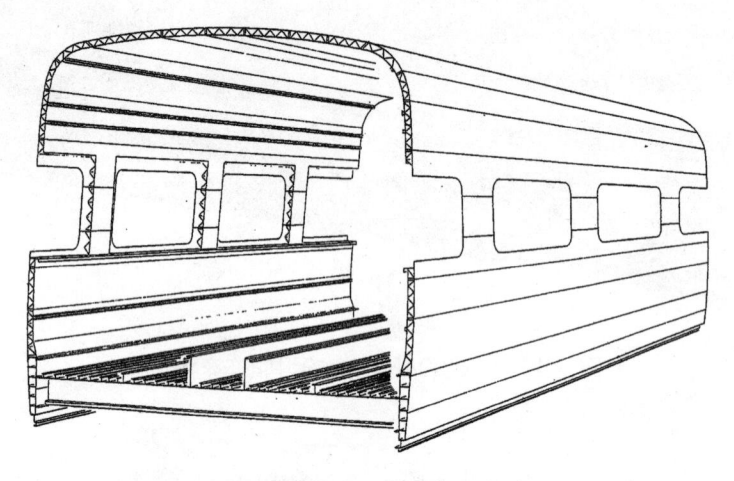

图3-49 大型中空铝合金挤压型材结构

合理匹配车体的局部刚度和质量分布，车顶、侧墙、地板和端墙采用中空型材结构，侧顶型材变截面设计，底架边梁桁架化，底架与侧墙间采用了高刚度连接结构，保证车体整体和局部刚度。

针对车体结构的受力及振动特点，对车身的局部和整体的结构进行了匹配设计，对车身的部分和内部的连接处进行了优化，并对减振材料进行了合理的调整，防止车体出现局部变形。

b.车体良好的气密性和隔声性能保证了乘客的舒适性

乘客舒适性一般通过车内压力变化率进行考核，通俗来说就是让乘客的耳膜感受不到车内压力的变化，从而避免耳鸣、耳痛等不适的出现。列车在隧道中运行速度达到350km/h时，车外压力的剧烈变化达到了3000Pa/s以上，这样的压力变化一般人是无法承受的，只有通过车体良好的气密性和隔声性能来保证。这是如何实现的呢？

车体结构各大部件连接焊缝均为密封焊接，所有开口均做了良好的密封处理。

车体结构中侧墙、车顶和地板均采用大断面中空型材，既提高了车体强度和刚度，又提高了车体的减振隔音性能。另外在型材内部填充减振隔声材料，车体内部及下部喷涂阻尼浆，增加了结构的阻尼，提高了车体的减振隔音性能。

车辆出厂前做整车的气密性和水密性试验。

c.优良的行车安全系统构成保护乘客的最后一道屏障

高速动车组行驶速度非常快,如果发生碰撞,后果不堪设想。为尽可能保障乘客和乘务员的安全,在头车前端设置有被动安全系统(见图3-50),主要由前端自动车钩、防爬器和主吸能元件等组成。前端自动车钩设有大容量缓冲器,防爬装置采用双压溃管型式,在碰撞过程中吸能的同时还能有效抑制爬车,主吸能元件可实现高力级时稳定高效吸能。被动安全系统采用分级吸能理念,实现长行程、大吸能功能,有效保护乘客区安全。

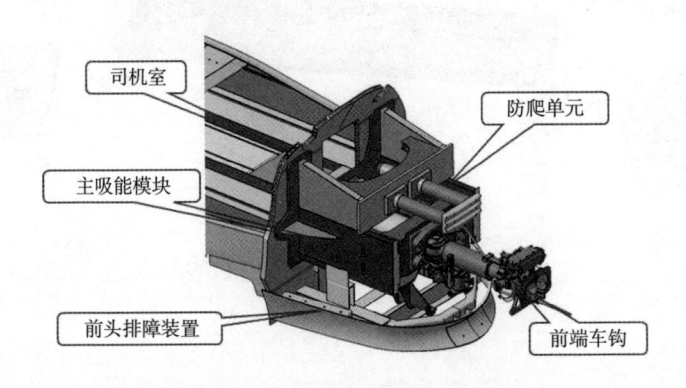

图3-50 头车前端被动安全系统

头车最前面下方装有排障装置(见图3-51),由导流板、排障板和排障橡胶等组成,主要功能是排除运行前方轨道上小型、低矮障碍物。导流板外形设计良好,既具有良好的空气动力学性能,也能保证障碍物只向两侧排出,不会向上或向下抛出而影响行车安全。

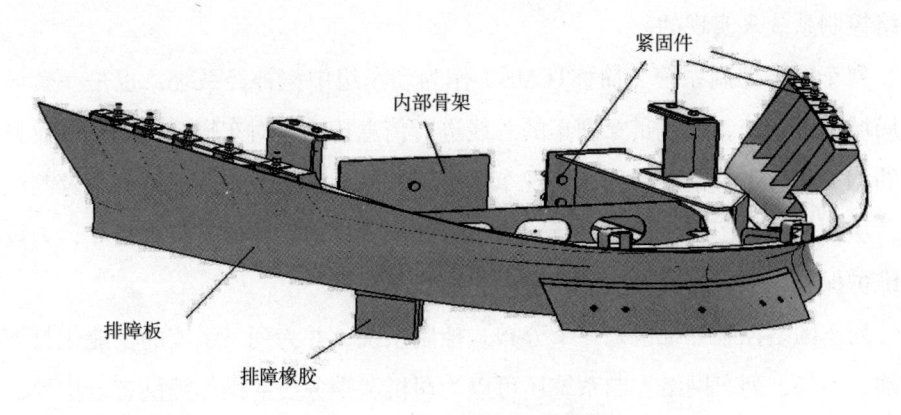

图3-51 动车组前端排障装置

动车组下部装有设备舱，由裙板、底板、骨架和端板等组成，可避免雨、雪和杂物的进入，同时也能抵挡列车运行中沙砾、石子等异物的冲击，起到保护车下设备的作用。

设备舱结构如图3-52所示。

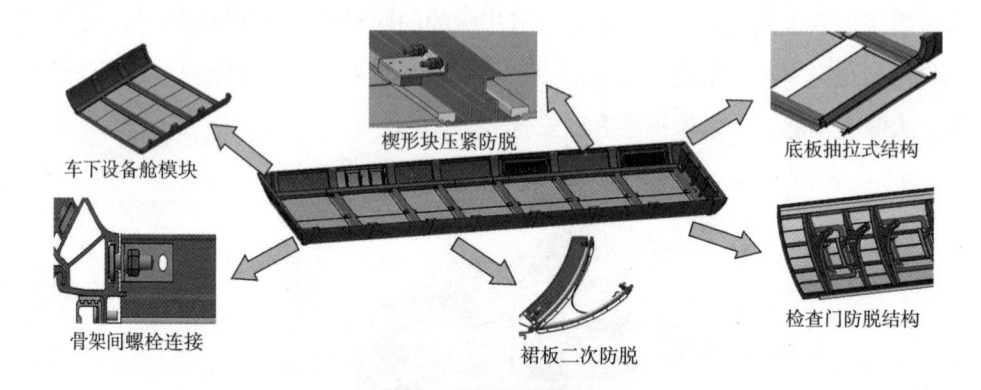

车下设备舱模块　　楔形块压紧防脱　　底板抽拉式结构

骨架间螺栓连接　　裙板二次防脱　　检查门防脱结构

图3-52　动车组下部的设备舱

六、列车网络控制系统

当大家乘坐高速列车时，有没有想过司机的操作是如何精确地转化为动车组启停的？列车如何自动控制车内的设备的？列车的上述这些功能，均是通过列车网络控制系统来实现的。

列车网络控制系统（简称TCMS）作为动车组中枢神经系统，也是一套计算机局域网络系统，通过贯穿列车的总线进行信息传输，对车辆运行和车载设备动作的相关信息进行集中管理，实现车辆逻辑控制、状态监视、故障诊断及测试功能，从而保证列车安全可靠运行，为司机和乘务员的操作提供有效指导，为设备的维护保养和乘客的服务提供支持。

列车网络控制系统也是一个分布式控制系统，并为列车系统的智能化打下了基础。另外，列车网络控制系统还可以为司机和乘务员的操作提供有效指导，为设备检修人员提供技术支持，为乘客提供智能化的服务设备。CR400AF型动车组

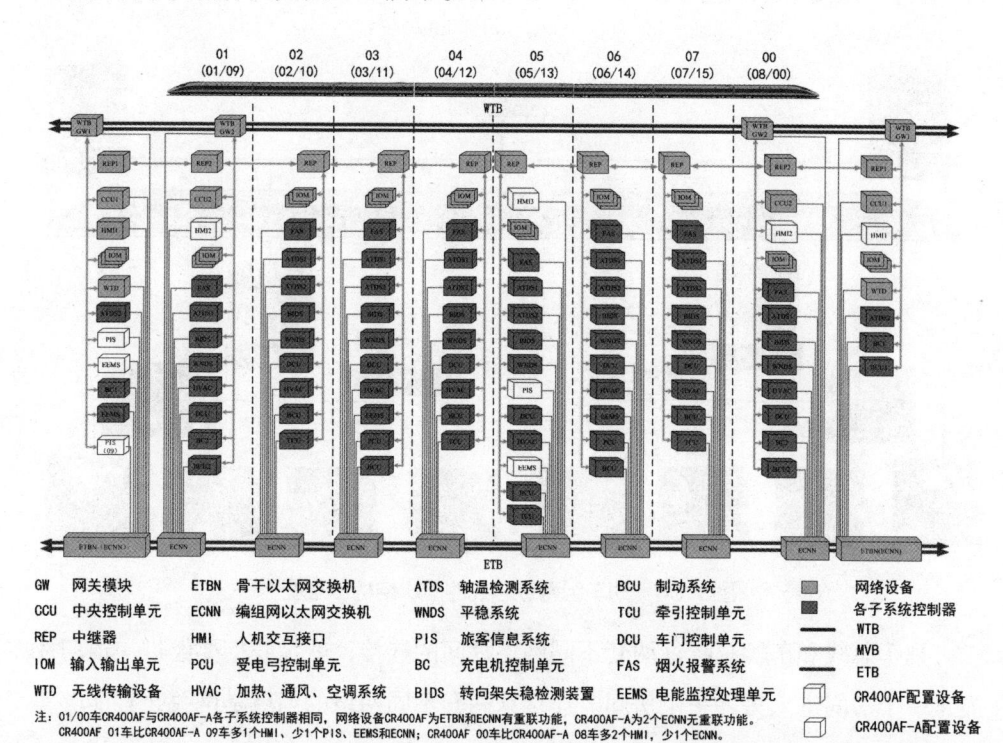

网络控制系统拓扑图如图3-53所示。

图3-53 CR400AF型动车组网络控制系统拓扑图

1.列车网络系统主要功能

列车在高速飞驰时,需要网络控制系统全程保驾护航,其主要功能包括信息传输、运行控制、状态监视、故障诊断等。下面就为大家系统介绍这些功能是如何实现的。

（1）信息传输

1999年,国际电工委员会发布了专门用于列车网络的IEC61375标准,规定了TCN网络的组成。如图3-54所示,它具有两级总线的层次结构,用于连接各节车辆的绞线式列车总线WTB和用于连接车辆内部各种设备的多功能车辆总线MVB。列车总线WTB适合于各动态编组的控制单元之间的通信。多功能车辆总线MVB适合于具有固定编组控制单元内部车辆之间的通信。

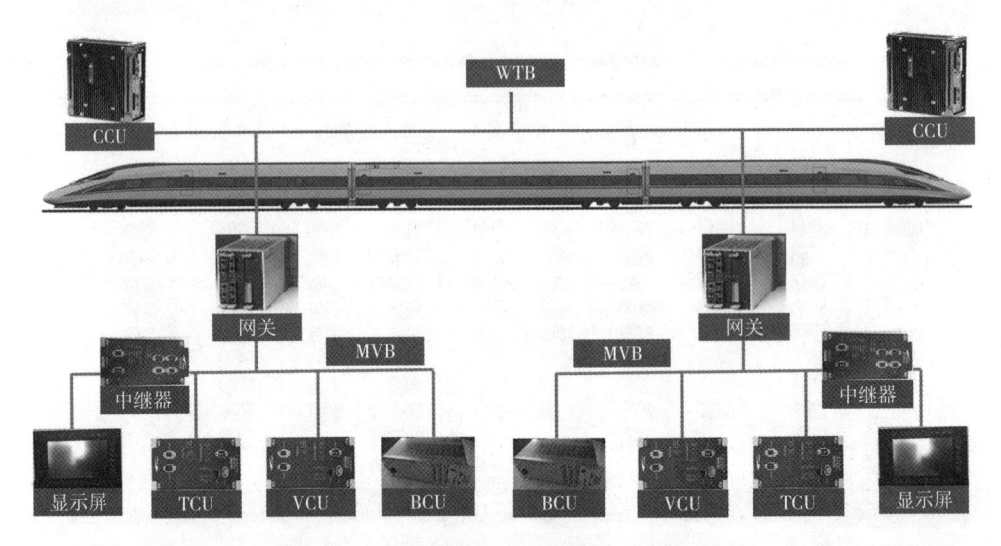

图3-54 动车组两级总线的层次结构示意图

列车总线和车辆总线这两套不同网络之间的连接,就像我们要经过一道门才能从一个房间进入另外一个房间。连接这两套不同网络的门就是网关,它能够实现列车总线与车辆总线之间的双向信息交换。

目前国内正在运行的大部分高速动车组以及刚上线的复兴号动车组均采用TCN网络。为了适应列车的运行环境,TCN网络信息的传输方式、传输速率、数据的解析方式都是根据高速列车独有的特点专门设计的。

（2）列车运行控制

动车组能够在铁路上平稳有序地行驶,离不开网络控制系统对行车信息的采集和处理。而网络控制系统中,中央控制单元CCU（图3-55）是实现列车控制的核心元件,也是整个列车网络控制系统的指挥中心,对各项信息进行统筹管理、快速响应。

中央控制单元承担的主要任务包括以下三点。

首先,对列车总线和车辆总线进行控制与管理,按照通信协议完成数据的组织和转发,实现列车所有信息的传输。

其次,对指令信息进行收集和逻辑判断,形成控制命令发送给动车组上的其

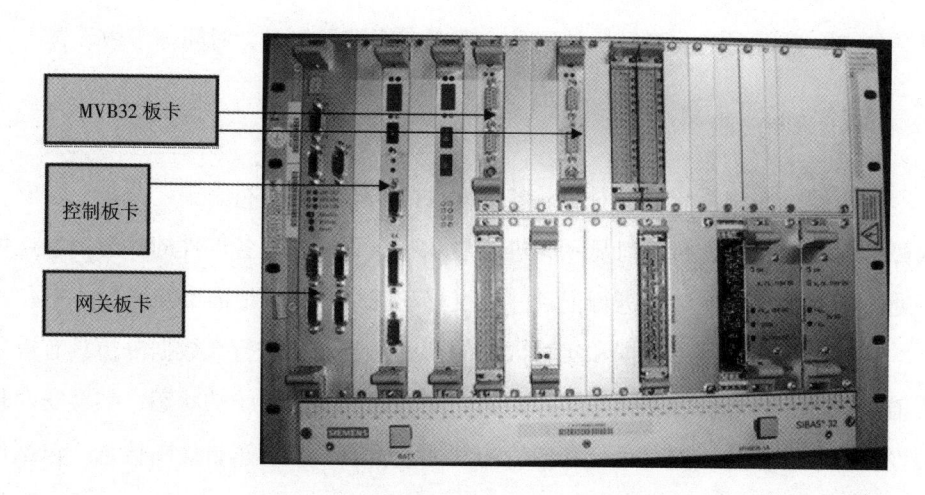

图3-55　动车组中央控制单元CCU

他系统执行，如控制受电弓的升降、列车的走停、设备的切除、运行状态的保护和空调温度的设定等。

最后，对各系统反馈的信息进行诊断，当检测出总线或网络设备出现故障时，采取必要的措施保证列车的安全运行。

司机在驾驶室控制列车的运行时，网络控制系统通过输入输出模块采集司机的各项操作指令，经过总线将采集的指令信息发送给中央控制单元；中央控制单元对指令信息进行综合判断和逻辑运算，转换成可执行的信息再通过总线发送给各执行机构；最后由各执行机构完成列车的运行动作。

（3）列车状态监视

列车网络控制系统能够对列车及其重要部件的运行状态进行实时监测和报警，确保列车的运行安全。监测范围包括牵引、制动等系统工作状态，司机操作情况，车上用电系统状态，车门状态等。通过系统状态监测，我们能够提前发现事故隐患，以便进行及时维修。列车的监控和诊断数据可以实时地通过司机显示屏显示，为驾驶员安全驾驶提供支持。

作为操作交互和列车信息显示的平台，司机室和机械师室分别设有人机接口显示屏。人机交互显示界面提供司机模式、机械师模式、维护模式等多种工作模式，主要功能有：显示列车的速度、网压、温度、牵引制动系统状态等列车运行状态信息；进行列车故障显示和记录；实现车辆编组编号、时间等参数设置。

（4）诊断功能

列车网络控制系统能够对车载各个部件的状态信息进行采集、分析、转储，故障信息可以通过人机接口显示屏进行显示和报警。列车各部件的状态信息还可以通过车载无线传输装置进行记录并通过移动网络下载到地面维修和服务中心。

列车运行状态历史数据和实时数据的获得对于深入进行大数据分析具有重要价值。该部分信息内容主要包括：牵引、制动以及控制系统的状态；乘客安全相关设备的状态；影响列车运行和使用的其他设备状态；列车自诊断信息，包括设备通信状态、轴承温度等。

2.列车网络控制系统关键技术

列车网络控制系统作为列车的神经中枢，在列车控制、信息传输、人机交互和故障诊断等方面起到重要作用，因此，高速列车技术的发展有赖于不断升级的车载网络。下面就从列车的运行安全保障和智能化提升方面介绍列车控制网络设计时涉及的关键技术。

（1）列车运行安全保障技术

当列车高速运行时，整个系统对安全可靠性的要求非常高。在列车的网络控制系统方面，安全性的保障主要通过冗余技术和导向安全的设计原则来实现。

a.网络冗余技术

为了避免网络通信故障对车辆正常运行造成影响，列车网络控制系统线路和关键部件均采用冗余设计。这样，一条线路或某个设备发生故障时，另外一条冗余线路或设备仍可使网络系统正常工作。例如，列车头车设有两个互为冗余的中央控制单元（CCU），两个设备相互监控对方状态，当从CCU发现主CCU通信异常时，能够快速实现主从切换；同样，列车司机室设有两个互为冗余的人机接口显示屏，当主显示屏故障时，从显示屏能够完全接替主显示屏的工作。另外，对于一些关键控车信号或状态信息，列车控制网络也是通过两个挂接在不同MVB网段的输入输出模块实现冗余采集,从而进一步提高了动车组的可靠性。

b.导向安全设计

动车组的功能设计采取安全导向原则,列车网络控制系统具有司机警惕、限速保护等主动防护功能。并且,列车能够根据故障的轻重程度采取主动封锁牵引、断主断或者降弓的保护动作,提高了列车运行控制和状态实时监控的可靠性。

(2)智能化运维支持技术

智能化运维正成为未来高速列车发展的主要趋势,高速列车信息化、智能化水平的提升需要通过提升列车网络控制系统来实现。

a.车地无线传输和远程监控

车地无线传输功能通过车载WTD实现,该装置采集、分析和处理各种数据信息,实现车辆的实时监控和数据的本地存储。利用WWAN网络(包括5G、4G、3G等)、WLAN网络和GSM-R网络等无线数据传输通道,WTD将传感系统信息传输到地面大数据中心服务器、主机厂及车辆运用部门,地面维护检修人员和远程诊断专家对列车故障和状态数据进行综合分析,诊断故障发生的原因,制定故障处理和预防措施。

b.以太网技术应用

列车智能化的基础是快速地获取并传递大量列车状态信息,该功能的实现依托于高效的信息传输通道。作为当前应用最为广泛的网络,以太网具有传输快、可靠性高等诸多优点,能够满足列车网络对实时监控和智能化应用拓展的需求,成为当今车载网络系统发展的方向。当然,以太网技术的应用需要对其安全风险进行严格控制,包括子系统设备异常风险控制和安全接入风险控制等。复兴号已经布设了车载以太网网络,用于动车组的系统维护,同时为以太网进行控制数据传输打下基础。

第四章

高速动车组十项配套技术

如图4-1所示，动车组十项配套技术包括：钩缓装置、辅助供电系统、车门、空调系统、受流装置、车窗、座椅、集便装置、风挡、车内装饰材料。

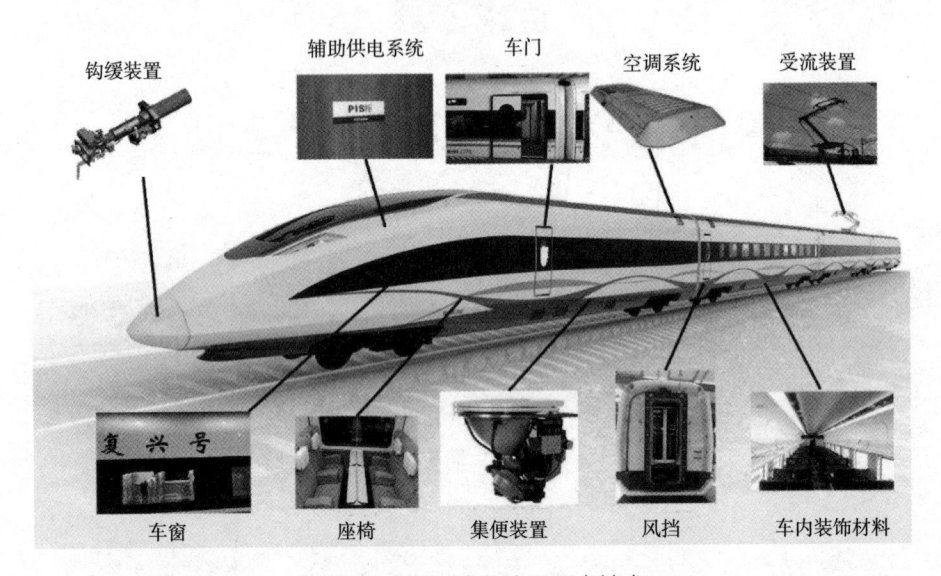

图4-1 高速动车组十项配套技术

高速动车组的配套生产厂家主要有四方所、青岛维奥、常州牵引、长客门窗厂、无锡万里、大同车辆公司、今创集团、上海坦达、长客电器、上海法维莱、上海福伊特、南京康尼、欧美特、IFE-威奥、江苏铁锚、圣戈班、青岛科林、青岛亚通达、康平、四机宏达、中铁长龙、北京赛德、株洲九方、青岛惟思得、青岛横泰、瑞力、博尔达、江苏宝应、常州长青埃维、无锡桑普、南车资阳、永贵电器、常州中铁、武汉航天波纹管、时代集团、河南思维、河南蓝信和常州克诺尔等。

一、空调系统

动车组空调系统主要提供制冷、供热、新风、废排、回风、压力保护、紧急通风等功能，确保车内空气清洁度、新风量、温度、湿度、微风速和应急通风量等空气指标被控制在适宜范围以内，需要克服高速运行时的热传递、车内外压力变化、新风供给等所带来的系列挑战，解决客室范围内均匀送风、回风与废排问题，为乘客创建一个适宜的空气环境。

动车组空调系统主要由客室空调机组、司机室空调机组、空调控制柜、废排装置、压力保护系统、司机室暖风机以及风道系统等部分组成。采用车顶单元式空调机组、端部嵌入式安装，外形与车体轮廓相同；采用侧顶隐形送风、分散式回风；司机室设分体式空调加暖风机；车下设废排装置，通过废排风道将车内废气排出车外；采用被动式压力保护系统。图4-2为CR400AF型动车组的空调系统组成示意图，图4-3为客室空调机组实物图，图4-4为客室空调机组模型，图4-5为车底排废装置模型。

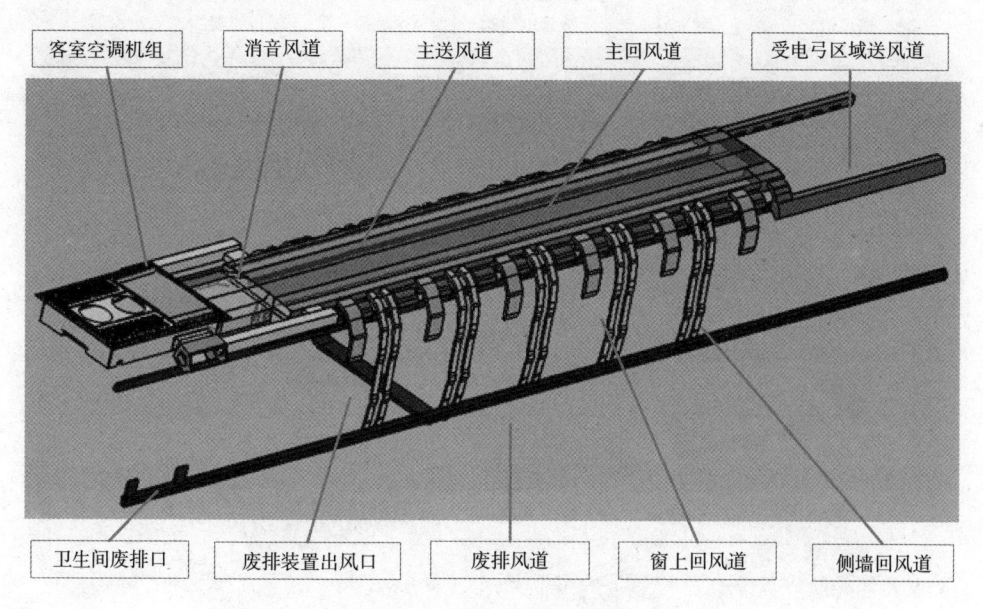

图4-2 CR400AF型动车组空调系统组成示意图

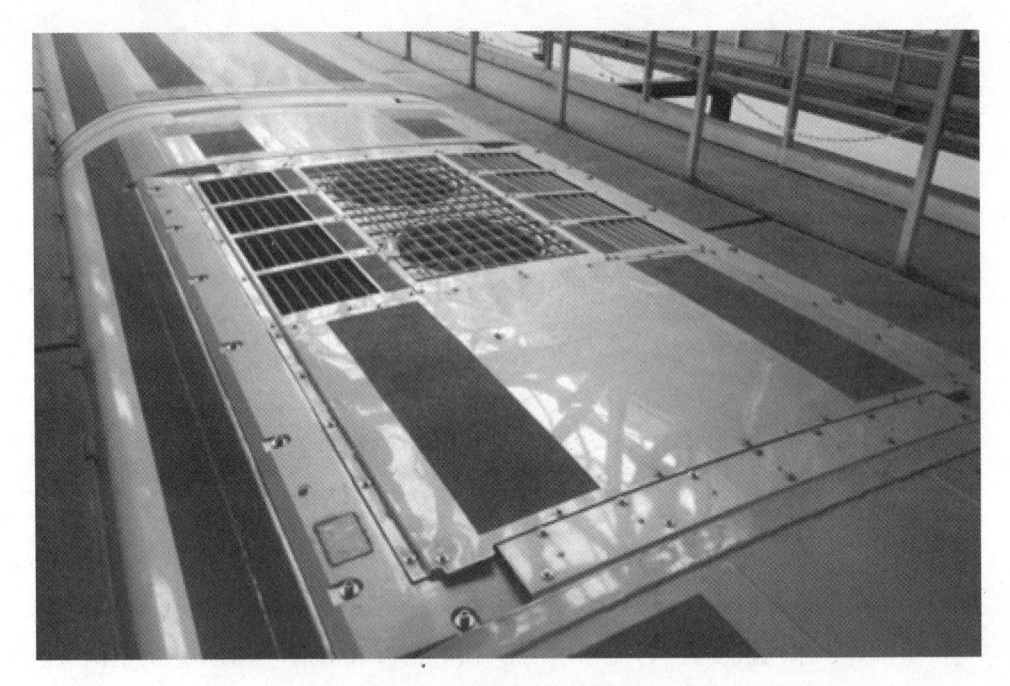

图4-3 客室空调机组实物

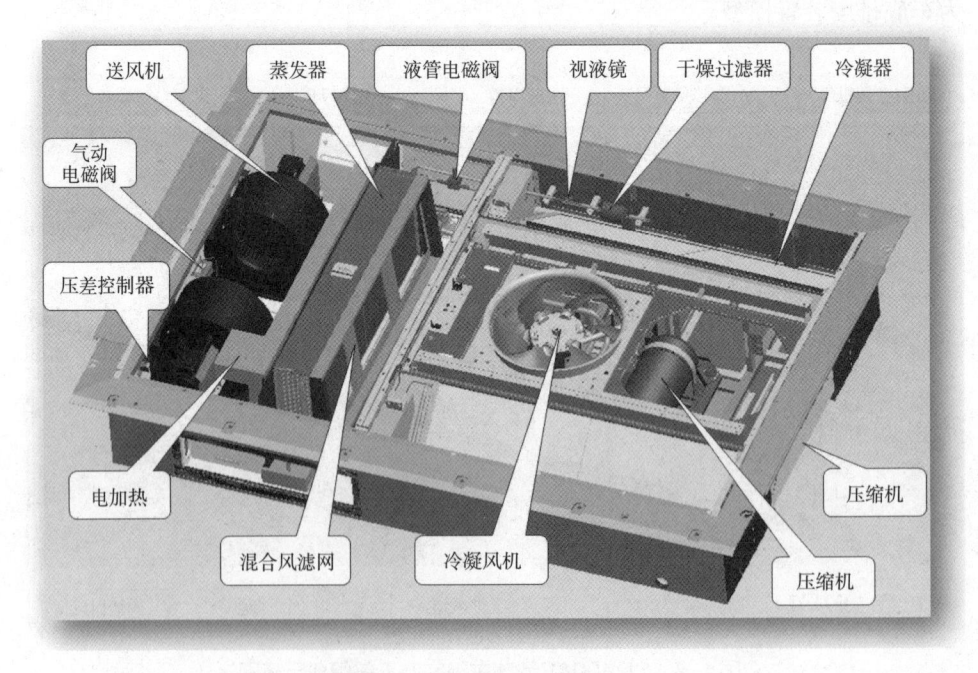

图4-4 客室空调机组模型

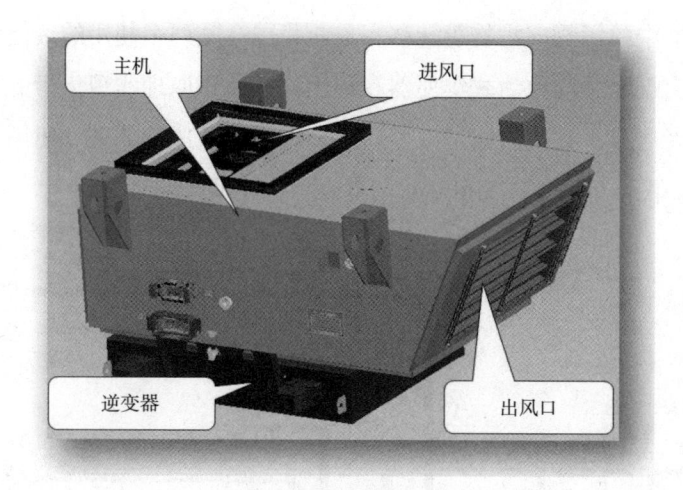

图4-5　车底废排装置模型

如图4-6所示,当头车压力传感器检测压力变化超限时,压力波控制器驱动压力保护阀关闭,避免车外压力波动通过空调新风废排通道进入客室。

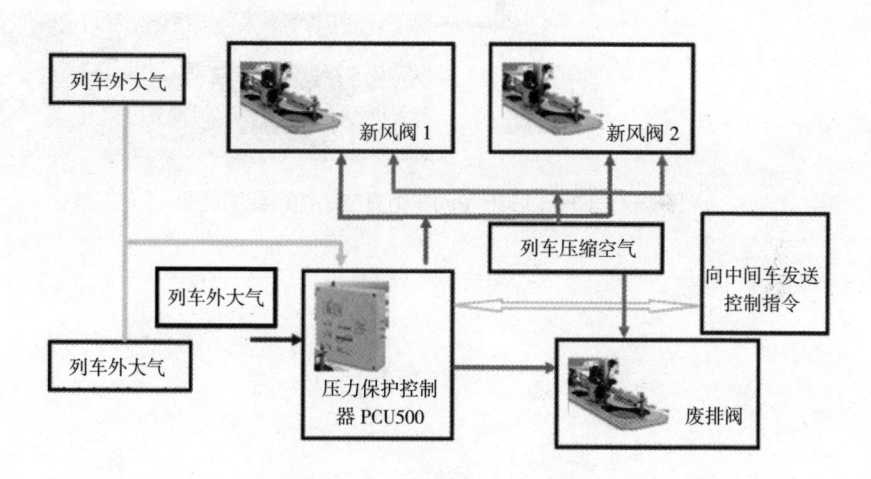

图4-6　压力波控制器工作原理

二、集便装置

集便装置的主要任务是向列车上的乘客提供舒适的如厕环境,收集污物、污水，实现便器中的污物向污物箱转移。目前我国高速列车使用的集便装置主要包括利用重力实现集污的重力式集便器和利用真空负压原理实现集污的真空式集便器，其中后者居多，它具有清洁卫生、无环境污染、造价低廉、使用可靠和维修方便等优点。图4-7为CRH380B型动车组真空集便系统原理图。

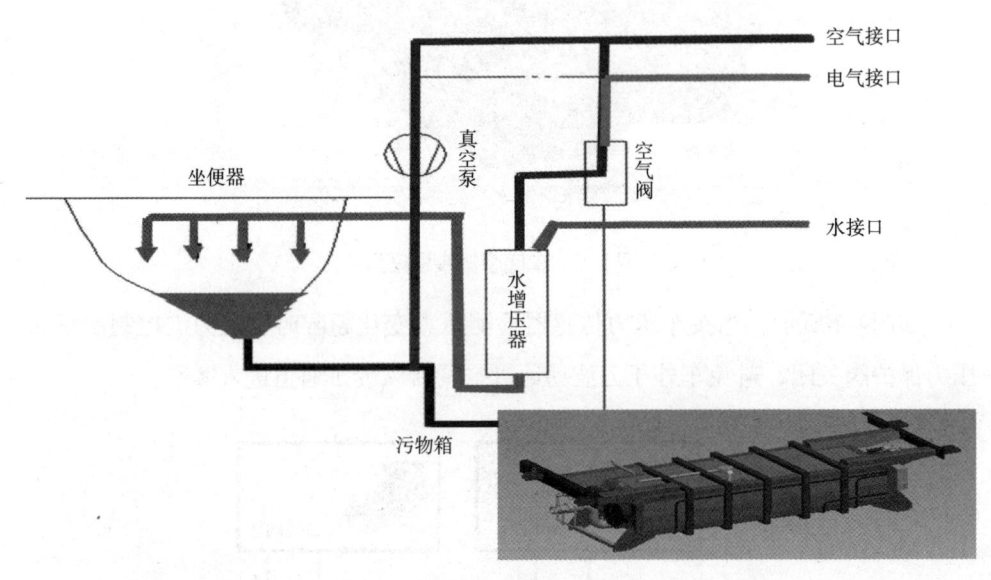

图4-7 CRH380B型动车组真空集便系统原理图

三、车门

高速动车组的车门包括车厢外侧的塞拉门和客室内部两端的内端门。这两种车门的工作性质和要求是完全不同的，塞拉门是将车厢与外界隔离的一道防线，除坚固结实外，它必须具有良好的气密性和隔音效果。而内端门主要功用是保持客室的相对独立性，同时具有一定的隔热隔声效果。内端门一般采用自动感应门，也可手动打开。

客室车厢外侧采用电控电动单扇塞拉门，电控气动压紧密封，通过网络和门控器对车门进行集中控制。车辆与门控器采用多车控制总线MVB或CAN线连接，通过列车网络控制系统,在司机室中实现车门集中控制。所有关门指令、开门指令、释放指令、速度信号、安全回路均采用硬线传输,并通过网络系统对车门状态及故障信息进行监控。

每一个动车组车厢通常设置多套车门,方便乘客乘降,图4-8为开启状态的车门。如以复兴号动车组为例,2、3、4、6、7车每一个车厢设4套车门,1、5、8车每一个车厢设2套车门,一列动车组共26套车门。车门净开度通常为800mm,净通过高度1900mm。为了方便行动不便的乘客上下车,通常会在靠中部的车厢,如4车或5车,设置净开度为900mm的车门。

动车组车门出现故障时,可以隔离不使用,乘务员或随车机械师使用三角或四角钥匙,触动车门内部的隔离锁,隔离车门。在动车组两头车也设置了外部隔离锁。

图4-9为CR400AF型动车组塞拉门组成。

图4-8　开启的动车组车门

▶ 动车组技术发展研究

主要技术参数	
通过尺寸	≥ 800 × 900/1900m
最大踏塞距离	≤ 70mm
门控系统供电电压	DC110V
气源压力	800kPa~1000kPa
开关门时间	（5±1）s
手动开门力	弯道 ≤ 250N，直道 ≤ 150N
开关门车内最高过压	150Pa
关门挤压力	首次有效力 ≤ 150N，峰值力 ≤ 300N
主要技术差异	本图以CR400AF车型为例，塞拉门为统型部件，完全一致，无差异。

图4-9 CR400AF型动车组塞拉门组成

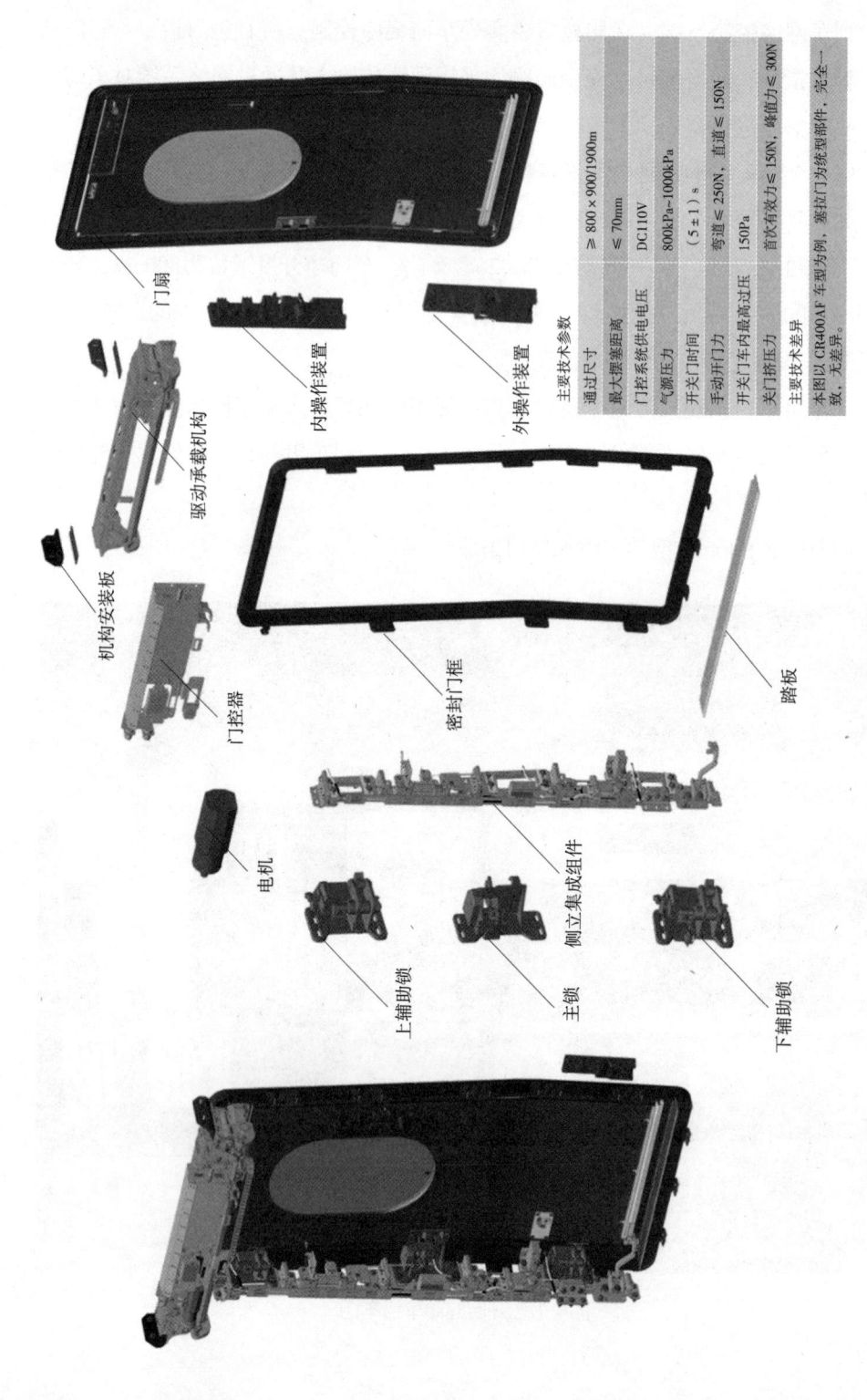

234

四、车窗

动车组车窗包括司机室前窗和客室侧面车窗。车窗玻璃具有一定的刚度,能抗飞溅、隔音与隔热。动车组运行时,司机需要通过司机室前窗玻璃进行瞭望,因此,前窗玻璃为双层玻璃,夹层中安装了电热装置,具有防霜、防冻的功能。动车组玻璃窗还具有减速功能,可以减缓司机和乘客对窗外景物的视觉反应速度,避免造成晕眩。图4-10为动车组车窗实物图。

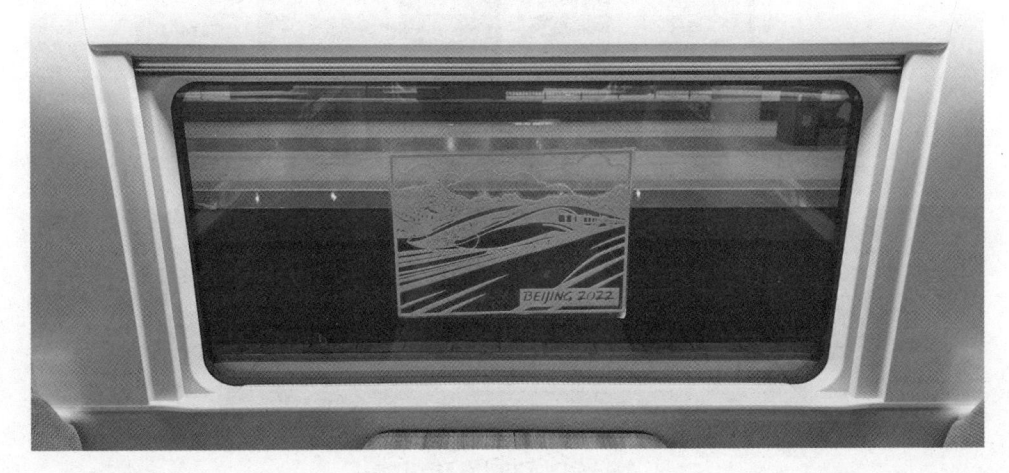

图4-10 动车组车窗

五、风挡

高速列车风挡分为内风挡和外风挡。内风挡位于列车两节车厢之间,形成旅客往来车厢的通道。由于车厢间的伸缩和扭转运动,内风挡通常采用折叠结构和伸缩结构,常见的为双层折棚风挡;另外,为了降低车端噪声对客室的影响,内风挡要有良好的密封性和隔音性能。外风挡安装在车厢车端,采用半包或全包封闭方式,在两节车厢之间形成外形包络。主要作用是保持列车顺滑的流线外形、降低空气阻力等；由于两节车厢之间存在相对运动，外风挡还需要具有良好的抗扭转、挤压和摩擦性能，通常采用橡胶风挡。图4-11为动车组风挡实物图。

图4-11 动车组风挡实物

六、钩缓装置

车钩是高速列车车厢之间实现机械连接的装置。两节车厢相对运动碰撞即可完成车钩连接，实现两节车厢的自动连挂，但需要手动操作解锁装置方可解钩，实现两节车厢分离。高速列车车钩一般采用自由间隙很小的密接式车钩，并设置钩缓装置，以缓冲高速运行时车厢之间通过车钩传递的冲击力。因为需求不同，头车、中间车会采用不同形式的车钩，列车还备有过渡车钩以实现与救援机车之间的连接。图4-12为CR400AF型动车组车端连接装置分解图。

第四章 高速动车组十项配套技术

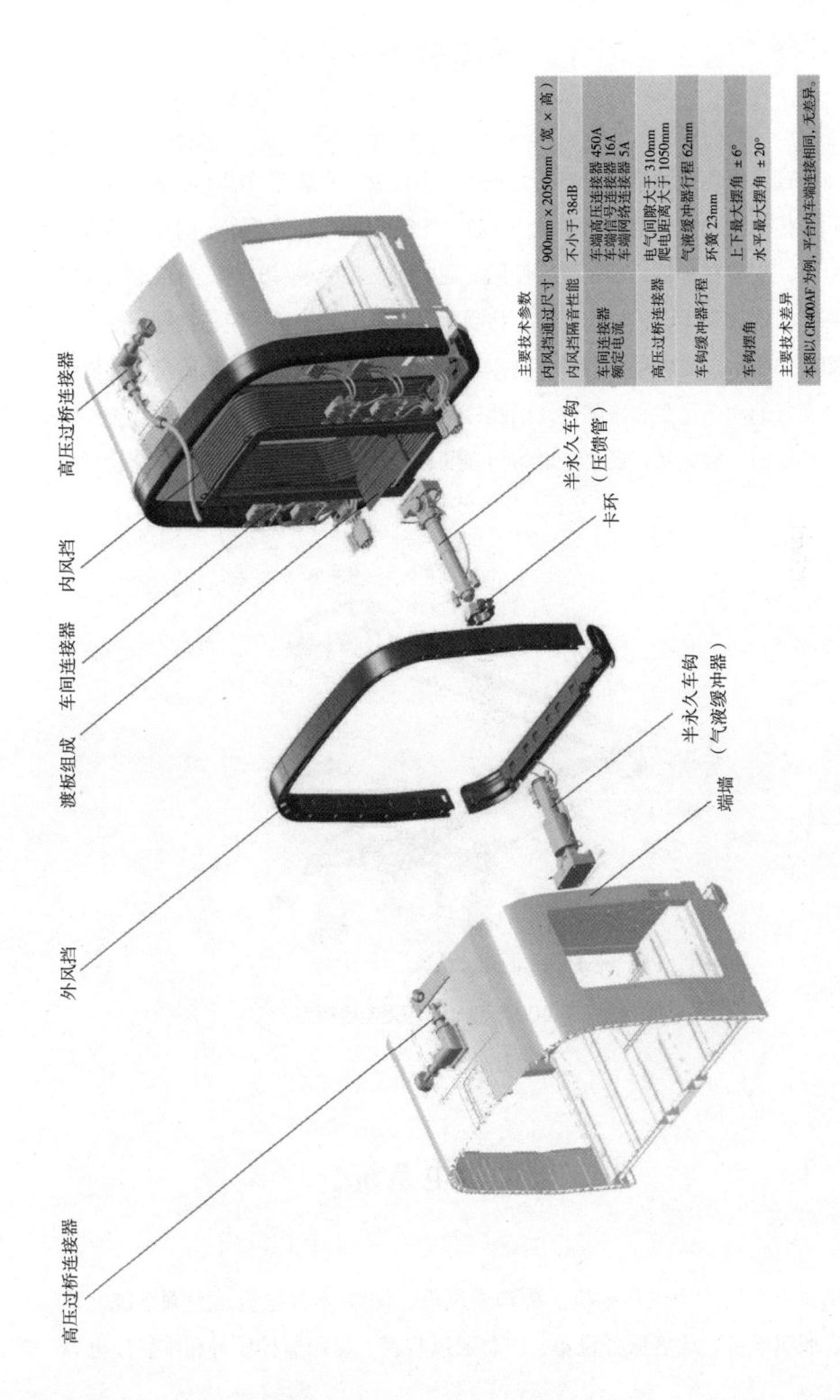

主要技术参数		
内风挡通过尺寸	900mm × 2050mm（宽 × 高）	
内风挡隔音性能	不小于 38dB	
车间连接器额定电流	车端高压连接器	450A
	车端信号连接器	16A
	车端网络连接器	5A
高压过桥连接器	电气间隙大于 310mm 爬电距离大于 1050mm	
车钩缓冲器行程	气液缓冲器行程 62mm	
	环簧 23mm	
车钩摆角	上下最大摆角 ±6°	
	水平最大摆角 ±20°	
主要技术差异	本图以CR400AF为例，平台内车端连接相同，无差异。	

图4-12　CR400AF型动车组车端连接装置

高压过桥连接器
内风挡
车间连接器
渡板组成
外风挡
高压过桥连接器
半永久车钩（压馈管）
卡环
半永久车钩（气液缓冲器）
端墙

七、受流装置

动车组通常采用电力牵引，运行过程中，需要有一个装置持续不断从接触网上取电，同步传输到动车组的牵引系统中，这一个装置就是高速动车组的受流装置，叫作受电弓，安装在车顶，列车投入使用需通电时，将受电弓升起，与接触网保持接触；列车在停放和无电检修作业时，将受电弓降下，与接触网脱离接触，受电弓模型如图4-13所示。受电弓要求具有高速稳定受流性能和良好的受流质量，这依赖于受电弓良好的动态稳定和跟随性，以及弓网之间的机械接触和电气接触状态，保证弓网间良好的接触关系；还要考虑结构强度、气动噪声、风动振动等安全运行性能要求。

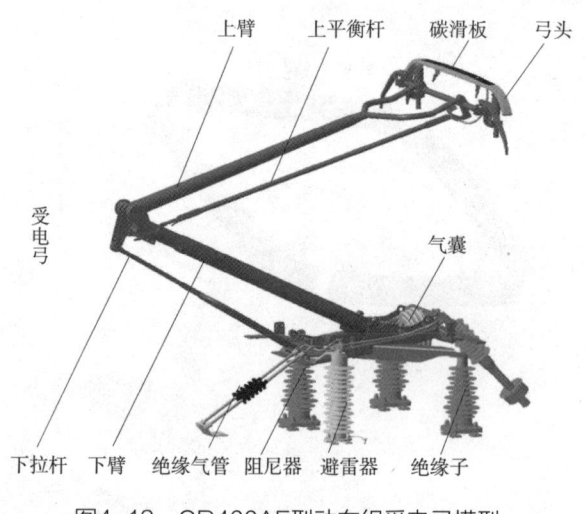

图4-13　CR400AF型动车组受电弓模型

八、辅助供电系统

辅助供电系统为空气压缩机、冷却通风机、油泵/水泵电机、空调系统、采暖设备、照明设备、旅客服务设备、应急通风装置、诊断监控设备和维修用电等设备，为动车组提供低压电源。CR400AF型动车组部分框架图如图4-14所示。接触网上的高压电源经过动车组牵引传动系统中牵引变压器的三次绕组变压后，再通过辅助供电系统中单独或集成的辅助变流器变流后，转换为除动车组牵引系统之外的辅助系统使用的低压电源。CRH380B、CR400AF等部分高速动车组取消了辅助变流器，将其功能集成到牵引变流器中，从牵引变流器中间直流环节取电供辅助系统使用。

九、车内装饰材料

车内装饰材料简称内装，一般来说内装不仅仅指地板、墙板、顶板等装饰件，通常将车厢内乘客界面结构、设备都纳入内装范畴，如行李架、灯带、窗帘等。内装通常十分注重基于人机工程的人性化设计理念，充分考虑人的行为动作、客室空间运用、结构造型、美工色彩和灯光效果等需求，并采取减振、隔声降噪等措施，通过结构的轻量化、模块化以及材料的环保与防火设计，保障列车的轻量化及旅客乘坐的舒适性。

十、座椅

客室座椅是提供旅客乘坐舒适性的重要设施。座椅构造充分考虑人机工程学的相关参数，缓解乘客乘坐疲劳。高速列车根据多样化和个性化需求，不同车厢设置不同配置的座椅，常见的有VIP商务车座椅、一等车座椅和二等车座椅。VIP座椅宽敞、舒适，通常带有罩壳，形成一定的私密空间，配有电视、小桌板、电源插座和阅读灯等设备，具备可坐可躺功能，为乘客提供一个温馨、舒适的乘坐环境。一等座和二等座设置有扶手，座椅靠背角度可调，配置有靠背小桌板，一等座椅还设置有脚踏板，适合不同乘客的使用要求。

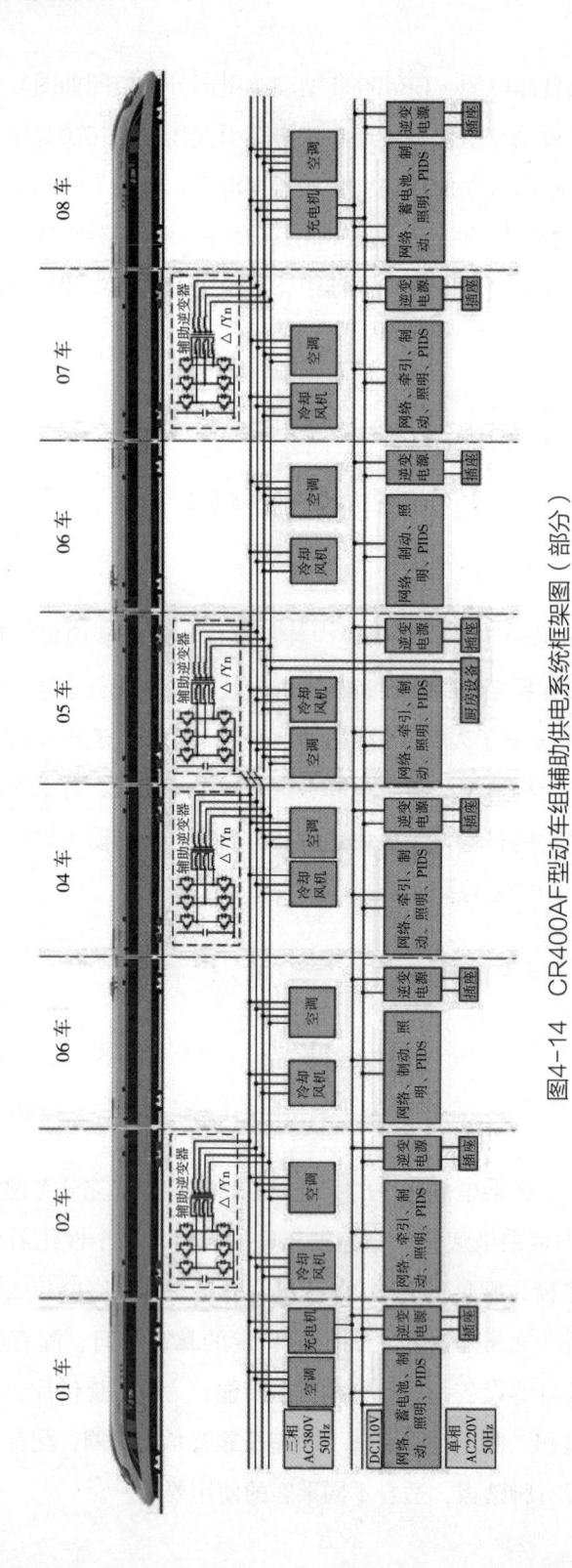

图4-14 CR400AF型动车组辅助供电系统框架图（部分）

除CRH6系列动车组和少量早期CRH1A动车组外,其余动车组座椅都具有旋转功能,使旅客始终面朝列车行驶方向乘坐,以符合乘客乘坐习惯,提高舒适性。

第五章

高速动车组新技术

在同一个地球大家庭环境下，越来越多的人希望能在更短的时间内抵达更远的旅行目的地，而高速列车独有的安全、舒适品质，更是得到了众多旅客的偏爱，这种刚性的需求将会永远存在，并将与时俱进。由此可以预见，在未来，人们对高速列车的依赖还会长期存在，高速列车产品也必将随着人们生活水平的不断提高而向着更低能耗、智能化、人性化和标准化等目标进一步发展。

一、绿色节能技术

未来高速列车在朝着更高速度发展的同时，降低能耗、满足环保要求也将会成为追求的目标。因此在提升速度的同时还将注重速度与能耗之间的协调，在满足提速对牵引动力需求的同时，还要对提高能源效率、降低能源消耗等问题进行研究。

目前高速列车绿色节能技术的主要研究方向有如下几个。

一是列车的牵引变流器通过采用效率更高的电力电子器件，提升列车牵引传动系统的能源转换效率。如SiC（碳化硅）、GaN（氮化镓）等材料在高速列车牵引变流器中的应用将会在高耐压、大容量、低损耗、小体积等多方面带来技术提升；SiC器件的导通电阻、门槛电压、一次开关损耗等关键技术参数都将明显小于目前的Si基功率器件，这些都决定了SiC器件在效率方面将会有明显的提升。有关研究表明SiC器件的开关损耗只有传统Si基功率器件的15%~25%,自身能耗约占传统Si基功率器件的50%，体积将会比原来降低一半以上。通过采用SiC器件实现列车牵引传动系统的高效和小型化已经在众人的期待之中。

二是采用高效牵引传动装置和低能耗电气设备，以降低列车能源消耗。如在牵引系统中采用永磁同步牵引电机，由于无须转子励磁，所以没有转子励磁损耗和无功输出；且噪声小、散热需求小，可使系统效率平均提高3%~5%。研发以永磁电动机为核心的牵引传动系统，实现传统异步传动系统的替换和更新，已成为国际上高速列车技术竞争的热点之一。目前德、日、法等国都在积极研制以永磁电机为核心的牵引传动系统；我国的大功率永磁电机牵引系统已完成样机研制，性能试验结果良好，这为我国高速列车的能源效率、动力品质等指标达到世界先进水平奠定了基础。

三是通过列车的轻量化设计，降低列车运行中的自身能耗。高速列车的轻量化主要通过结构优化、新材料和新装备应用等途径进行。结构优化是利用有限元和优化设计方法设计更合理的车体和转向架结构，使零部件薄壁化、中空化、复合化，如中空车体型材、空心化车轴等结构；新材料应用也是实现轻量化的重要手段，国内外在高速动车组上进行应用研究的主要材料有铝蜂窝、碳纤维、泡沫铝、镁合金和纸蜂窝等非金属材料。随着科技的进步和加工设备的大型化、高效化、智能化发展，新材料、新结构以及新型轻量装备在高速列车上的应用会越来越广泛，特别是通过采用碳纤维等新型轻质材料替代传统的金属材料的创新设计，能够使列车零部件的自重得到明显的降低。

四是通过减小列车的运行阻力，降低列车能耗。高速列车的低阻力技术主要通过气动减阻实现，采用气体减阻技术来达到高速铁路的低阻性能，优化动车组外形、表面减阻和流体控制技术等是当前铁路低阻技术发展的重点。根据高速列车双向运行、大长细比、尾部有较大气流分离区等特点，研究仿生沟槽表面减阻、涡流发生器、附面层控制等最新技术在高速列车上的工程化应用，也是目前高速列车低阻力技术的研究热点。通过仿真及风洞试验等先进技术手段，可以发现并解决高速列车在运行中可能出现的空气动力学问题，并有针对性地优化列车外部造型及其表面涂装材料。这些技术的发展都将会给高速列车的减阻降耗带来新的研发成果。

以上这些新技术和新产品的应用，将会系统性地降低高速列车的能耗指标。如德国正在设计研究的新一代高速铁路（NGT），目标是将运营速度提高到400km/h，而将其能耗降低至原先的一半。下一阶段，中国的高速列车也将探索提速到400km/h，并在节能降耗、智能安全等方面进行进一步技术提升。

马斯克的超级高铁构想还从另外一种角度提出了高速列车的能源解决方案。

他设想让超级高铁系统能够自己补充能量：通过在系统中安装太阳能电池板和能量存储设施，使之在满足高铁系统能量消耗的同时将多余的能量储存起来，以便在太阳能电池板不工作的情况下仍能使系统正常运行，这将会是一种更加绿色环保的能源供给方案。

二、数字化智能技术

目前，我国已经成功研制了具有自动驾驶功能的智能型动车组，下阶段，我们将研制基于数字化的智能型高速动车组。

目前，人工智能、大数据、云计算正酝酿着一场新的技术革命和工业变革；随着物联网、建筑信息模型、北斗导航等新技术的不断突破和应用，人类社会迅速步入了智能化的时代。

随着信息化时代的来临，铁路行业的创新发展也越来越受到各国政府、铁路运输企业以及有关科研单位的重视。最近几年来，德国、法国、英国、美国、日本等国家纷纷提出了数字铁路发展概念，目的是促进现代科技与铁路运输的高度结合，以实现交通服务的优化、提高交通安全、提高交通组织的效率、减少交通运营成本、增加运营效益。全球未来高速铁路市场的竞争主要集中在高速铁路的数字化、智能化和智慧化领域。

中国铁路在今后的发展过程中，将会在数字技术的基础上，开发出更高水平、更安全、更舒适的高速列车。如开发基于LTE通信技术的列车智能控制系统；探讨以无线网络为基础的乘客服务和移动互联技术；开发无分相、远程控制的牵引供电系统；开发与国家地震局实时接入的地震监测预警系统；为使中国高速铁路技术更先进、更可靠、更安全，开展基于大数据技术的智能监控和安全预警技术的研究；更经济、更持续，引领全球高速铁路发展。

"智能、绿色、创新、融合"是当今世界高速铁路发展的主要趋势。2022年12月30日，北京冬季奥运会的重要配套基础设施之一，作为"八纵八横"的重要组成部分的京张高速铁路正式投入使用，为中国高速铁路的发展揭开了一个崭新的篇章。目前，欧洲和日本正在进行更高速度的高铁研究，为了研发更快、更智能的新型高铁，中国铁路集团不断探索，开发出了更快、更安全、更环保、更智能的CR450新一代动车组，将使中国高速铁路动车组的运营速度进一步提高，继续保持中国高速铁路的领先地位。中国铁路集团基于智慧高速铁路云平台，提出中国高铁2035计划，其核心内容有四个。

1.智能建造

结合 BIM+GIS技术，将物联网、云计算、移动互联网等应用于一体；将新一代的信息技术如大数据与现代工程建设技术紧密结合，通过自动感知、智能诊断、协同互动、自主学习、智能决策等方法，实现工程设计与仿真、数字工厂、精密测控、自动化安装、动态监测等工程应用，建设勘察、设计、施工、验收、监督全寿命跟踪闭环监控系统，确保施工进度、质量、安全；通过对高速铁路建设进行精细、智能化的管理，使其由工业化、信息化向智能化发展。例如，勘察设计、BIM、装配式建筑、模块化生产、数字孪生轨道技术等；全线、全专业、全过程精细化管理，实现了桥隧、路、轨、四大电力项目的智能化建设、火车站智能化建设等。到2035年，将 BIM技术与工程机械的深度结合，将智能建筑技术推广至更高水平，实现无人化、智能化的机械化施工；建设智能化施工现场，全面突破高速铁路智能化施工技术。

2.智能装备

基于全方位态势感知，实现自动驾驶运行控制技术；将故障预测、故障诊断与高铁健康管理与先进的设备技术结合起来，使高速列车的移动设备和基础设施能够自感知、自诊断和自决策；通过自适应和自修复，使高速铁路能够实现自动化和协作。开发400km/h的智能复兴号高铁，简化接触网、优化弓网关系，提升智能牵引供电装置、智能无线通信系统、智能列车运行控制系统和智能安全保障系统的性能和智慧化水平。

到2035年，我国将在自主研发的基础上，开发出无人驾驶列车，并对可储存能量的无线充电技术进行研究；研究了以量子技术为基础的智能安全保障系统。

3. 智能运维

智能监控，增强现实和泛在感知技术、智能视频技术、事故预测技术、智能网络技术、高速铁路运营维护技术，可实现智能化出行服务、预测性运维、企业绿色环保安全防控和智能化经营管理等技术的应用。建立智能化的高速铁路站，为旅客提供购票、进站和候车服务，实现进站乘车、出站等全程自助化、精准化引导服务。提供个性化、智能化的全程出行服务，智能监控、智能安全保护，为乘客提供全方位、全行程的个性化站到站、门到门服务，实现无人车站智能服务，实现高铁装备自主智能检修，探索极端复杂条件下高铁智能容错理论与技术。

中国高速铁路的迅速发展依赖于不断发展的信息化和智能化技术和设施。未来，基于智能技术、基于专家系统的故障诊断模型和大数据分析将变为现实；通过数据挖掘等技术，可以对动车组进行更好的故障预报和健康评价，并提前对其进行"预见性"的检修，以保证其运行的安全性和可靠性，从而进一步减少高铁的生命周期费用。

4. 智慧高铁

"智慧高速"是世界上高速铁路发展的前沿领域，在新技术工业革命的推动下，加速中国智慧高速列车的发展战略，将继续保持中国高速列车在世界上的领先地位。以高速铁路今后的发展为基础，在建国100年时，也就是2049年前，我们将建成智慧高铁。

通过数字转型和智能升级，利用协同创新思维，打造智慧动车组。

建立智慧化集中调度中心，形成大规模高密度运行的全天候、全过程、全环境高铁云信息中心支持下的调度系统。

充分利用高铁云和12306大数据系统，建立智慧化高铁站。

在研发运营速度400km/h的CR450动车组的基础上，继续研发运营速度为

450km/h的CR500型动车组和运营速度为500km/h的CR600型动车组，并实现动车组智慧化。

建成高速列车云大数据平台，使其包括高速动车组的九大关键核心技术和十项配套技术的供应商数据；智慧设计、制造、运用和检修维护高速铁路高铁。

顺应世界技术潮流，加速智能高速铁路技术的研发，实现大数据、云计算、手机互联网、北斗导航、BIM、5G技术和物联网技术在高铁技术中的应用；将人工智能等新技术运用于高速铁路的各个专业领域，使其更加安全、可靠、经济、舒适；高速铁路将会更便捷、快速、节能、环保，甚至引领全球高速铁路的发展方向。

图5-1展示了高速铁路的发展趋势。

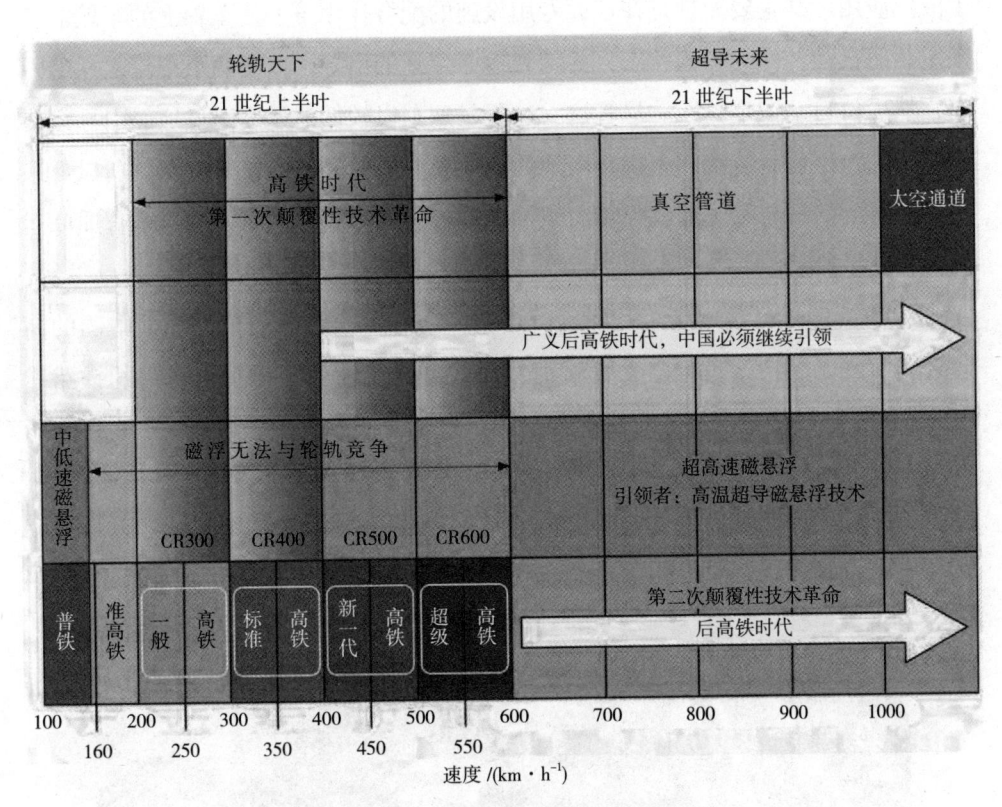

图5-1 高速铁路发展趋势

三、自动变轨距技术

在全球铁路还未实现标准化的情况下，由于一些国家铁路以及与邻国之间的铁路轨距存在差异（如西班牙国内之间以及与法国、中国与俄罗斯），给高速列车实现跨线直通带来了困难。目前铁路上列车的跨国互通大多采用了在两国边境口岸车站更换不同轨距的转向架的方式来实现。更换转向架的过程较复杂，所需的时间也较长，这与高速列车的快速特征难以匹配。

要想实现列车跨国互联直通运营，就必须要适应各国不同的铁路轨距，这就会用到自动变轨距技术。目前自动变轨距技术已在部分欧洲国家的铁路上得到了成熟应用。其主要原理是在地面专用设施的配合作用下，使车轴上的车轮能从锁定状态自动转变为解锁状态，并随着地面设施的引导，改变两个车轮之间的距离，然后再自动锁定轮距。尽管这一过程是列车以较低的速度通过地面引导设施时实现的，但比起传统的更换转向架的变轨距方式就显得既快又方便。所以，采用轮距可变的转向架（变轨距转向架）将有可能成为高速列车实现跨国直通联运的一种新手段。

2020年10月21日，新一代时速400km，高速可变轨距列车下线，中国的高速列车实现了转向架地面自动变轨距，从此可以自由驰骋在不同轨距的铁路线上。图5-2为自动变轨技术变轨部分结构示意图。图5-3为变轨试验现场图。

图5-2 自动变轨技术变轨部分结构示意图

第五章 高速动车组新技术

图5-3 变轨试验现场图